新手社工主管的十一项操练

The Eleven Disciplines for New Social Work Supervisors

莫世民　香盈盈 / 著

中国社会出版社
国家一级出版社·全国百佳图书出版单位

图书在版编目（CIP）数据

新手社工主管的十一项操练 / 莫世民，香盈盈著
. -- 北京 ：中国社会出版社，2019.8（2022.10 重印）
ISBN 978-7-5087-6219-7

Ⅰ.①新… Ⅱ.①莫… ②香… Ⅲ.①社会工作－基本知识－中国 Ⅳ.①D632

中国版本图书馆 CIP 数据核字（2019）第 188545 号

出 版 人：浦善新　　终 审 人：王　前
责任编辑：余细香　邢幼弢　　策划编辑：余细香
责任校对：张爱华　　封面设计：时　捷

出版发行：中国社会出版社　　地　　址：北京市西城区二龙路甲 33 号
邮政编码：100032　　编 辑 部：(010)58124866
网　　址：shcbs.mca.gov.cn　　发 行 部：(010)58124866；58124867
经　　销：新华书店

印刷装订：中国电影出版社印刷厂　　开　　本：145 mm×210 mm　1/32
印　　张：5.625　　字　　数：135 千字
版　　次：2019 年 8 月第 1 版　　印　　次：2022 年 10 月第 3 次印刷
定　　价：32.00 元

中国社会出版社微信公众号

中国社会出版社天猫旗舰店

序　一

万丈高楼平地起

我与莫世民先生相识于8年前，那时正是广州社工和我们机构起步的阶段。8年来，莫先生作为香港和香港特别行政区政府社会福利署（以下简称社署）的资深社工前辈，退休之后不辞劳苦，奔波往返于粤港地区，只为了将专业的社工理念和工作方法传递给广州的年轻社工。我们共同见证广州社工的潮起潮落，相携相伴共同前进。莫先生这样以身作则，不仅鼓励着年轻的社工坚定向前，对于机构管理者同样也是莫大的支持。

距离莫世民先生的《新入职社工的十一项操练》付梓不过三年时间，在短短两年多时间里能再出一本书，既在意料之外，又在情理之中。意料之外是因为莫先生已经将极大的精力投入日常工作与社会服务中，还能在百忙之中挤出时间撰写本书，定是耗费了很多的精力；而情理之中则是因为莫先生有感于内地社工人才成长发展的迫切，希望通过本书为更多的社工提供专业与职业发展的指导。现在，那些通过《新入职社工的十一项操练》得到启示的社工们已逐渐积累了一线的经验，很多开始升任为主管。由于角色身份的转变，他们的工作内容发生变化，工作方式也应随之转变。所以，这本《新手社工主管的十一项操练》的出版正当其时。我相信本书能够为新手社工主管答疑解惑，帮助他们顺利适应新的工作岗位。

在社工积土成山的过程中，每一名服务于人的一线社工、服务工作的具体组织者、机构的管理团队及决策层需要共同营造一个“情景环境”，谁能主导这个环境？社工内在的职业价值追求和我们的行为是否一致？是否始终一致？专业工作的方法是否得到应用和贯彻是不是衡量专业服务的标准？我们确定的工作目标又是什么？……言不易、行亦难啊！

本书中，莫世民先生依然延续通俗易懂、深入浅出的文风，将岗位身份转变过程中应该重点关注的要点娓娓道来，如心理调适、形象管理、管理类型等。职业追求、专业方法、工作目标，社工、主管，还是……我想都一样！助人的路上不因自我的感受和需要而迷失方向，永远不放弃改变是既平凡又伟大的目标，由“术”及“道”的修炼过程，正像莫先生经常向社工所传递的“超越再超越”一样，永远指向我们自己。从社工、主管到机构管理者是一种超越，不断地操练亦是为了超越。伴随内地社会工作的发展，莫先生知行合一地用他职业生涯的“黄金十年”为我们诠释超越。在复杂的社会环境、行业环境和具体服务环境下，我们要跟上操练……

在我们的服务机构发展遇到困境而倍感压力的时候，这一篇序我拖了好久，随着莫先生“淡定的形象”在我头脑中越来越清晰，想到莫先生想到的、说到的都能做得到，我就越发感到敬佩、惭愧和警醒！来日方长。走了10年的社工路，我们应该更坚定、更努力、更有信心地走下去！我们有莫先生相伴是幸运亦是幸福的！或许我们还可以一起期待一下《新任总干事的十一项操练》！

杨明宇　博士

广州市同行社会服务发展中心理事长

序　二

我十分高兴有机会为世民的新书写序言。他是我香港中文大学社工系毕业的校友，更难得的是我们在香港和香港特别行政区政府社会福利署工作期间曾三度在不同岗位上合作过。20世纪90年代中期，我们先后同在津贴科及感化服务组共事，香港回归后两年，我们又在东新界相遇做社会福利地区管理工作。特别值得一提的是1998年，在我临危受命统领社署感化院舍及服务工作期间，世民是我的得力副手，我们并肩作战，解决了当时感化院舍很多管治和士气问题，每与世民谈起，我们都十分珍惜这些宝贵的经历。

世民和我都在社署服务超过30年，曾担任过的专业社工岗位不计其数，而这当中感化服务及津贴科工作经验是社署独有的。我们退休后也不约而同地分别在不同平台协助内地推动社会工作发展，这也是缘分！我曾拜读并极力向年轻社工推荐世民3年前作的《新入职社工的十一项操练》一书，据说这本书口碑载道，洛阳纸贵，可喜可贺！

在国家决定要“造就一支结构合理、素质优良的社会工作人才队伍”后，求才若渴，表现卓越的一线社工在2—3年间已有机会晋升至主管级的岗位，倘若要求他们立即成为一名称职的主管，确有难度。我十分认同“有快乐的社工才有快乐的服务使用者”，世民这次再下一城为新手社工主管解困。《新手社工主管的十一项操练》理论与实践并重，案例生动有趣，不亢不卑，好像重温世民和我走过的社工路，历历在目，如在昨日。这本新书对新手社工主管极具参考价值，纵是有经验的社工主管，也可把它作为工具书，温故知新！

我谨以至诚向大家推荐此书，同时祝愿世民和盈盈的无私付出可以得到丰盛的回报。

李永伟

社会服务发展研究中心（香港）总干事

香港特别行政区政府社会福利署前助理署长（津贴）及

黄大仙/西贡区福利专员

2013 年度全国十大社工人物

序　三

“经营和处理”是一本汉语词典对“管理”所下的定义。管理，就是指在特定的环境下，对机构所拥有的资源，包括机构的业务、资金和人员进行管理、组织和领导，以达到目标的过程。

饶有趣味的是，在古老的法文中，“管理”这个词语的意思是“领导、执行的艺术”。因此，管理虽然看似是由上而下施行的领导，但它的本质更是一项结合人性、技巧与经验，带有情感与意识的艺术。

从入行当一线社工至今已有36年的时光。从带领3名职员到管理一个近600名员工的部门，点点滴滴的经验累积至今天，确实有很多可以分享及借鉴的。

作为一家社工服务机构，我自始至终坚持着“以人为本”的信念去管理机构的服务、资金和每一位员工。如何传承机构的使命和信念，如何让员工发挥所长，灵活调配部门的资源，激发员工的内在动力，把机构爱与希望的信念传递到每一位服务使用者身上都是我所关心并持之以恒去实践的。

一家管理良好的机构，必须确保每一位一线、中层和高层的员工，充分地掌握及认同机构的愿景、使命和价值。为了让信念价值活现在服务提供的过程中，机构必须把服务使命准确地传递给每一位员工，让他们怀着目标，如车辆一样向前行进。

机构要因时制宜，灵活变通，时常与员工讨论机构的愿景、使命和价值以及如何在当下的处境中实践。通过定时审视管理方针，员工能为自身的服务赋予更多意义，以便更贴心地提供适时的服务。

有人形容，爱与尊重就等同车子上的轮胎。轮胎齐全，车子才可以运行。对于员工的管理，道理也一样：机构要重视每一位员工，深信每位员工都有能力和长处，用一颗热诚的心去服务。

机构不单单聘请有才干的人，更要招徕一些有爱心、爱机构、爱特殊社群的人加入。我认为爱服务对象与热诚的工作态度远比才干重要。因为有才干的人也许会想到别处赚取更多的金钱，或者有更大的成就。但机构更需要志同道合的人深耕细作地去帮助有需要的人。

机构的领导人要谦卑，不带半分倨傲，为管理层的员工以身作则，重视人，而非重视制度与规章条文。在机构里，员工不分彼此。这股平等的气氛，弥漫在机构的每个角落，感动着每位成员甘心乐意、自发自愿地为机构和服务使用者服务。

《新手社工主管的十一项操练》是我喜欢并极力推荐的一本好书。在担任主管初期能建立一个良好的习惯，并持之以恒地操练，成就是可以预见的。莫世民先生是我香港中文大学社工系的师兄，一生服务于香港和香港特别行政区的福利事业；香盈盈女士是我认识的内地社会组织的一位出色主管，他俩把内地与香港社工机构管理的经验和窍门，进行言简意赅、提纲契领地罗列和阐释，让我们了解明白，这对新手社工主管会有莫大的帮助。

管理不仅仅是策划、组织、指挥、协调和监管，它更是一种发自内心、富有感染力的艺术。行之有效的管理，不单单是问要做些什么，还要问一句：为什么而做？盼望香港和内地社工机构的管理层也谨记这一点，继续怀着真挚的爱，以人为本。管理者须明白唯独同心协力、上下一心，才能对内团结一致，对外发光发热，才能世世代代延续爱与希望的传奇，在社会万般变迁下，为人民谋求幸福。

黎永开（太平绅士）
香港明爱社会工作服务部副部长

序　四

大约3年前，蒙莫世民兄邀请，为其新作《新入职社工的十一项操练》写序，至今记忆犹新；今番再获邀请，心里既惊且喜。惊的是莫兄的写作天赋和速度，近年莫兄频扑于穗港之间，仍能在百忙中抽出时间来写作，令人佩服；喜的是又有一本接地气的社工书籍出版，惠及同行。

近10年来，在国家的大力支持下，社会工作在内地发展蓬勃，吸引了不少人投身社工行业；然而，新晋社工在一线工作了一段时间后（一般是一到两年）便离去的亦为数不少。随着社工业务扩展，内地机构急切需要有一线经验的社工来领军，带领团队开展新服务。但是，因为一线社工的大量流失，找到富有经验的社工又谈何容易，有行政管理知识和经验的更是一将难求。

要有系统地获得社会工作专业知识，目前在内地主要有两个途径：一是修读高校的相关课程；二是参阅有关社工专业考试的书籍。但这两者的学习都侧重在社会工作直接干预的理论和实务，对于社会工作的非直接干预如研究、行政管理等议题则着墨较少；社工硕士（研究生）课程亦如是。内地社工教育在配合社会工作人才发展方面，在本质上是有点不足的。

目前，让一个只有两三年一线经验的社工去肩负带领团队的任务，在业界是甚为普遍的现象，他们都在“摸着石头过河”，亟须一些“工具”来帮助处理日常行政管理上的事情。莫世民兄凭借他过去数十年在社会工作行政管理上的经验和心得，加上他在内地督导社工机构和对一线社工的观察与体会，完成《新手社工主管的十一项操练》这本新作，可谓及时雨。文章深入浅出，既有理论又有实操，为新手社工主管“指点迷津”。

正如莫兄在文内所言，从一线社工转营管理，对整个社工专业生涯来说，是一个多方面的发展机会，同时，亦是莫大挑战。希望各位新手社工主管在面对挑战之余，仍不忘初心，敬业乐业和持续学习，为内地社会工作事业的发展而奋斗。

谨此再次向大家推荐莫兄的著作，并借此向莫兄予以衷心的祝贺。

吴耀辉
北京师范大学－香港浸会大学联合国际学院
社会管理研究与服务中心项目总监
社会工作与社会行政专业前署理课程主任

序 五

2018 年 11 月上旬，微信收到香盈盈的邀约，为她与香港莫世民先生合著的《新手社工主管的十一项操练》写序。香盈盈是我以前在美国圣路易华盛顿大学布朗社会工作学院学习时的同学，毕业后回国，多年来在广州一直致力于社会工作专业服务、社工和机构的能力建设与咨询服务，有丰富的社工实务经验。莫世民先生更是香港社会工作领域的前辈和开拓者，社会服务和管理经验丰富，曾著有《新入职社工的十一项操练》。本人最近一直在关注职业化初期中国内地社会工作者的职业生存研究，深感新手社工主管的操练和职业生存之道尤为重要。欣然应允为书作序。

“教育先行，职业后发”是中国内地社会工作发展的一个典型特征。内地社会工作专业教育早在 20 世纪八九十年代就在高校开设出来，但是社会工作的职业化却比专业教育晚了很多。直到 2003 年在上海，才开始在司法社工领域试点探索社会工作的职业化，全国性的职业化推进则以 2008 年开始的全国社会工作者职业化水平考试为标志。社工作为职业在中国内地才走过短短 10 年时间，实则是一个非常年轻的职业。

过去 10 年，可以说是中国社会工作发展的黄金 10 年。过去 10 年，中央和地方政府出台了一系列社会工作发展的利好政策，大力推进政府购买社会工作服务，仅2017年投入资金就超过50亿元人民币。持证社会工作者数量井喷，从2008年之前的零基础到2017年年底达到32.7万人。民政部先后陆续发布包括《儿童社会工作服务指南》《社会工作方法·个案工作》在内的六项社会工作行业标准，指导社工实践。2017年开设社工专业本科、硕士课程的高校分别达到330所和105所，社工专业毕业生逾万人。

同时，过去10年，对内地社会工作者而言，也是极具挑战的10年。每年社工专业毕业生对口就业率持续走低，后备专业人才短缺。职业化初期，年轻的社会工作者需要在实务、管理工作中不断探索，不断试错，不断开拓，不断积累，几乎没有本土化成熟的社工实务经验和管理模式可以照搬套用。近年，大量社工机构或者社会服务机构如雨后春笋般成立，新机构、新管理、新团队、新人、新项目，机构薄弱的经验积累和传承、不成熟的管理都会给年轻的社会工作者带来压力。多元复杂的政府和外部关系，有时会使得社会经验不足的年轻社工手足无措。在快速膨胀的社工规模效应下，社工角色转换或职位晋升快，易出现能力匹配和角色适应困难。内外多重因素影响，会导致社会工作者的流失率和离职率持续偏高。

《新手社工主管的十一项操练》是莫世民先生《新入职社工的十一项操练》的升级版，关注对象从新入职的一线社工转到了新手社工主管。很明显，该书不是一本理论研究或理论对话式的著述，全书主要介绍了十一项针对新手社工主管的实践操练指引，突出实践性和可操作性，直击新手社工主管可能遇到的各种挑战和困难，实用性强。如，如何实现从一线社工到主管的角色转变，如何进行项目管理，如何培养领导力，如何带领团队，如何采用合适的沟通方式，如何兼顾机构、项目团队和个人的关系，如何提高社交素养以及如何避免和处理职业倦怠等。从形式上来看，全书列举了大量案例，通过案例来分析在实际工作情景中可能会遇到的问题，如操练三中关于社工主管杨杨对项目管理的新认识等案例分析，操练八中的“一分钟训勉”等，均通俗易懂。书中还引入了一些常用的工具，进行了一系列的归纳总结式描述，方便社工主管在日常工作中实践操作，如 PLM、SMART、5W1H、领导模型、DISC 性格分析等。我想这本书的读者对象，不只是局限于新手社工主管，社工机构管理者、公益组织项目主管等相关工作人员，均能从书中受益。

实践出真知。期待《新手社工主管的十一项操练》能尽快付梓面世，对社工主管的实践工作起到指引和参考。同时，也期待后续针对社工机构管理者还能有类似的操练和职业生存指引。

是为序。

张洋勇

厦门大学社会学与社会工作系助理教授，实习课程主任

于香港红磡香港理工大学

自序一

时间飞逝，距拙作《新入职社工的十一项操练》出版已有2年多了，当年新入职的社工大部分已晋升为主管，进入机构的管理阶层。他们面对的事情更多了，不仅限于个案、小组及社区工作等实务技巧，也包括社工行政管理、人力资源管理、财务管理、风险管理等挑战。与他们聚会的时候，大部分人表示管人、管行政、管预算等都不是易事，常令他们心力交瘁。在吐槽的同时，他们建议笔者再写一本以新手社工主管为对象的书，针对他们在管理方面遇到的困难指点迷津。

正在筹备写此书时，遇上了好友香盈盈女士。她正准备赴港深造。与她论及写书一事时，她表示也有兴趣贡献一些自己的心得。在一拍即合的情况下，我们决定共同出版此书，分享我们在机构管理上的一些成功经验。

从一线社工转变为管理者，肯定会有一个不舒服的过渡期，而这正是整个社工专业生涯发展的一部分。毋庸置疑，社工和医生、律师一样，在整个专业训练中，并未接受过财务、行政、文书或人力资源管理等训练。涉足行政工作，对很多人来说，是一个多方面的发展机会，同时，亦是莫大的挑战。作为年轻的社工管理者，需要经常反思自己可以改进的方式，以回应机构及团队的管理要求。

本书写的不是什么金科玉律，只是这些年笔者在职场自修的管理心得。在处理个案或带领小组上脱颖而出的技能，并不能立即令自己成为一名成功的领导者。管理工作要处理和学习的事太多了，既要能接受他人意见，又要能从错误中吸取教训。

领导力是新手社工主管发展阶段的一个重要能力，既要认识自我风格，又要与工作团队进行互动，得到反馈。笔者在本书介绍了怎样改善心智模式、运用“仆人式”领导、愿景管理，鼓励新手社工主管在带领团队的时候能果断、独立地作出适当的决定，以建立自己的领导风格去达到预期的目标。此外，笔者亦提醒新手社工主管要重视与其他社工界领导的交流，珍惜与社区及部门有关的领导的联系，因为这可以给我们一个分享想法的机会，亦可使我们学习跳出自己的圈子，逆向分析他人的见解，让我们获得新的想法，并能带回来和团队成员分享。

本书不是巨著，却具真髓，它能小中见大。书中建议的操练能使你每日、每周、每月都进步多一些、再多一些；协助你把注意力放在团队带领技巧的成长轨道上，帮助你在应接不暇的管理工作中找到突破的路径；带领你在带人的领域有所收获，进步再进步，超越再超越。

本书得以付梓，首先要感谢杨明宇博士、李永伟先生、吴耀辉先生、黎永开先生（太平绅士）、张洋勇先生惠赐序言，5 位先锋在社工专业上取得杰出的成就，为本书增添画龙点睛的光彩。此外，我要感谢广州市明心社会工作服务中心的 6 位受访同工，包括叶丽平女士、卢煜钧先生、宾丽平女士、梁雪玲女士、潘嘉茜女士和钟美燕女士，他们给予我很多宝贵的意见。

本书承蒙广州市同行社会服务发展中心出资印刷，在此特别向其理事长杨明宇博士致谢。本书是我到内地督导社工主管时所见所闻的辑录，由于见识和经验的局限，书中内容难免存在错漏之处，希望读者能不吝赐教，给予指正。联系电邮：saimanmok@ gmail. hk，以便在再版时作出修正，不胜感激。

莫世民　MH

2018 年 12 月

自序二

2008 年汶川地震，不幸的天灾破碎了无数生命和家庭，同时也成为触发社工行业在国内飞速发展的重要事件之一。

那年，我正在美国圣路易斯华盛顿大学攻读社会工作专业的硕士学位（Master of Social Work，MSW）。这年秋天，在美国圣路易斯华盛顿大学社工学院举办的国际社会工作论坛上，我转播分享了香港电台制作的汶川灾后不同部门和不同层面的重建工作，让在场师生更直观地了解灾后重建的情况和各方的努力。

2009 年秋天毕业后，我即返回家乡广州，尝试将两年来融汇消化过的海外知识和技能应用在我熟悉的人群和土地中。

2007 年，在我选择“社会工作”作为我赴美进修的专业时，连我家中至亲也弄不懂我要学的是什么。真感激他们的信任和支持！虽然 2009 年回国时，他们依然似懂非懂，但不同的是，此时国家已经开始有更具体的政策扶持社工行业的发展，而广州更是其中一个社工服务发展蓬勃的城市。

从 2009 年 MSW 毕业至今，刚好满 10 个年头。前面 7 年的时间，我在商业机构（for-profit）工作，带领团队为自资采购企业社工（EAP）服务的外资、港资以及国有的大中型企业提供服务。我们为外来务工人员（即留守儿童的父母）提供员工关怀服务的同时，也为商业机构的管理者提供人员管理和危机事件应急处理等方面的咨询与培训。

2016年，我以督导和培训导师的身份，开始参与广州和佛山两地非营利性的社会服务（non-profit），尝试为国内社会工作人才队伍的建设出一份力。面向一线社工，我分享个案辅导和家庭治疗的知识和技能；面向机构中高层管理团队，我分享机构人员管理和服务设计的经验。

在此过程中，我发现社工机构跟商业机构在优化提升方面有相通之处：有些一线服务与人员的问题，只有通过中高层的运营和管理的改变与优化，才能更对焦、更有效地改善。我的管理咨询和培训经验让我可以从机构运营角度去思考服务与人才发展问题，而我的家庭治疗微观技巧让我在实务工作及人员管理中更懂得对己、对人的正心与治心的沟通之法。

与此同时，我也深切体会到，非营利机构跟商业机构在创办目的和收入分配等方面都有所不同，因此在人员管理和激励方面的策略和形式也各有不同。社工机构的人才培育，无论是一线社工还是中高层管理者，社工心志的传承和培育都至关重要。

莫世民先生是领我踏进国内非营利社会服务的引路人。他于2017年出版《新手社工的十一项操练》，书中内容实用易懂、文笔风趣，是新入行社工自我提升或者机构培训的好素材。当莫先生向我提议参与撰写“续集”《新手社工主管的十一项操练》时，我带着兴奋而战战兢兢的心情接受了他的邀请。香港有很多用一生从事社会工作的资深前辈，内地也有一批有接近10年经验的本土社工，他们在香港和内地都有丰富扎实的经验。而我的特别之处可能在于海外求学以及跨行业的工作和管理经验。

社会服务管理每天要应对很多不同的人、事、行政、机构、内外关系和突发事件等，耗费不少心力。一线社工可以通过接触服务对象、从亲历服务对象的改变中获得满足感，但晋升到管理岗位之后，成就感的来源变得模糊而间接，挫败感和无力感的来源同时变得更具体、更直接。

从基层晋升到管理岗位过程中的挑战和不适应，在任何行业都存在。对新手社工管理者来说，“以人为本”跟“以目标、以效益为本”，“与服务对象沟通”跟“与合作方沟通”，等等，很容易成为他们时常面对的挣扎。当管理者开始将目光投向“追求优质社会服务、为其争取更多资源”，上述看似矛盾的工作和立场就能共同服务于一个大目标；管理者需要留意增长智慧，去分辨在哪些时候、哪些事务中优先考虑哪个方面。

感谢莫世民先生的厚爱和提携，给予我机会参与本书的写作。尽管过程中我们两个人大部分时间各在港粤两地，但通过持续的书信往来和不定期见面，当中的交流与合作是一份美好的体验。感谢广州明心社会工作服务中心理事长杨明宇博士及团队对本书出版的指导和支持。感谢 Jimmy Pak 先生，让我参与和亲身体认持守使命的商业服务，让我打下管理育人理念的重要基础。感谢 Eric Kung 先生、明明女士和于临枫医生，给我机会参与和深度了解跨国公司 EAP 的运营和服务。感谢广州市和悦社会工作服务中心的李永华先生，帮助我大大加深对国内社工行业的了解。感谢南海鹏星社会工作服务社的赵容榴副总干事及团队在成书过程中的帮助。感谢黎永开先生、张洋勇先生、杨明宇博士、李永伟先生、吴耀辉先生在百忙中抽空为此书作序。感谢好友梁莉莉女士，在兼顾全职工作和照顾新生幼儿以外的业余时间，为本书绘画部分插图。也感恩众多在这 10 年历程中与我携手合作、给我无数启发和帮助的前辈、同事和朋友。最后，但也是最重要的，我要感谢我的丈夫、母亲以及天上的父亲对我事业和成长的无限支持！

也将此书献给我快 5 岁的女儿。

愿你和你的伙伴们未来生活在一个更美好的世界里。

香盈盈

2019 年元月　于广州

CONTENTS
目　录

绪　论

十一项操练的由来

“为何此书要介绍这 11 项操练呢?”大家也许会好奇本书的 11 项操练从何而来，以及我们如何将之归纳成为 11 项操练。这两个问题的答案，在于我们的一项调研以及两名作者在过往工作中总结出来的独特经验。

本调研对象的选取，采用了“立意抽样法”，共 22 名社工行业的管理者参加了我们的问卷调查或者深度访谈，这些受访者的管理年资从数月到近 10 年不等。在深度访谈中，受访者坦诚地分享了他们对于晋升到管理岗位之后的想法与感受。本书选用“主管”一词，统称不同机构和项目中的初级及中级管理职位，涵盖项目主管、领域主管、项目主任和中心主任等岗位。

以下是深度访谈所收集到的一些第一手资料。

初为主管的心情

我还记得，中心已经决定把我提升为组长的时候，我跟站长说的一句话，“我觉得自己感受到的更多是挑战，而不是压力”。一方面很兴奋，这是一个难得的机会，可以更快地达到自己的成长目标；另一方面也很担忧，不确定自己能否适应新的角色和胜任新的工作任务。

（1 年年资的主管，嘉茜）

一是开心，工作能力得到上级认可，工资得以提升，可以在新的岗位上锻炼自己；二是担忧，部分同工的专业能力比我强，其能否服从管理；三是初为主管会与团队成员面谈了解个人职业发展规划及其对工作的期待，从而规划工作分工。

（3 年年资的主管，雪玲）

刚成为主管时比较冒进，很多工作都跃跃欲试，规划工作的时候更多的不是考虑同事们是否有能力胜任工作。另外，作为主管会经常接触管理上层的工作，有时会太过关注上层所关注的事情，很想满足上层的要求，而忽略了同事的声音，没有做好中层主管连接上下的职责。

开心的地方：有更多的自主权可以规划工作，作为青少年社工，可以尝试很多新奇有趣的工作手段，对于挑战跃跃欲试。

担心的地方：没做过主管，但都知道变成主管后和同事的关系会复杂一些，一方面希望和同事保持以前的关系（但实际的确有隔阂）；另一方面又不知道能不能胜任主管工作。

（3 年年资的主管，煜钧）

关于部署工作，一开始总希望由前任主管带，然而前任主管交接工作的时间很有限，因此很多工作都要自己摸索，有些迷茫。一开始总是想着依赖从前的经验，但慢慢发现其实是需要自己学习，自己变得有经验，而学习的途径也是查阅其他地方的资料以及不断和同事、上级和督导讨论实际情况。

（4 年年资的主管，丽平）

受访新手社工主管对升级后培训的意见

中心主任技能：

项目规划能力：作为主任，要有专业基础，能有效评估辖区需求，并懂得根据中心情况对需求进行轻重排序，确定目标，制订服务计划。

沟通表达能力：能与辖区不同团体有效沟通，尤其是内地大多数人不认识社工，不懂社会工作，主任就是家综[①]代理人，需向各方人士介绍社工，争取各方支持。

解决问题及应变能力：主任承受着各方的期待，而来自各方的问题很多，所以有时主任就成了问题解决机；同工有问题找主任，合作方有问题也找主任，所以主任需具有应变能力，处变不惊，灵活处理、解决问题。

团队建设或带领能力：同工往往唯主任马首是瞻，主任要以身作则，并能带动团队向前，具有团队建设或带领能力，能督导同事在专业上有发展。

任人唯才能力：作为主任，要掌握团队社工的优势与不足，懂得让同工在合适的位置或任务上扬长避短。

创新变革能力：项目要发展不能墨守成规，主任要有预见性，鼓励创新，甚至带头创新，勇于突破困境，实施变革，避免墨守成规，这样项目才能有活力。

自我完善能力：团队要前进，主任首先要有专业追求，并能通过学习进行自我完善。

① 家综：家庭综合服务中心的简称，现改称社工服务站——编者注。

勇于担责：作为项目负责人，要勇于担责。我听过一句话：团队出错主任顶，团队获赞人人夸。就是说如果项目有任何问题，主任要首先被问责，但是获得夸奖时，荣誉就要让给同工。

奖罚分明：主任要帮团队逐步建立规范，而这些规范则是主任通过奖惩制度树立的，当中主任要尽量做到公正、公平、公开，奖罚分明。

“通才”主任：作为主任不见得是专业能力最强的，但需要各种知识都“懂一些”，如财务、人力资源、法律法规等，尽量是通才。

洞察力：主任要有较强的洞察力，洞察团队气氛，洞察服务购买方的关注点。

统筹规划能力：主任的工作很繁重，需要有较强的组织统筹规划能力，对自己的时间合理安排，对团队分工有效规划，懂得指派工作任务，不然自己就会忙得喘不过气。

（丽平）

要成为有效主管应有的操练：

一是过硬的专业工作能力；

二是良好的统筹组织管理能力；

三是良好的沟通协调能力；

四是以身作则的能力；

五是资源链接能力。

（嘉茜）

成为有效主管的操练：

开放性：开放，承认自己的不足与优势，不要觉得自己是主管就一定要每一方面都要比同工强。

方向性：工作需要把握机构的 MVV（Mission，Vision and Value，使命、愿景及价值），遵循社工伦理，按照服务规划的目标、目的、指标开展工作。

职位定位：主管是一个中层岗位，自己要知道自己的处境，优势是你是连接上下的桥梁，你能了解上下的信息，但是上下的信息是不对等的，所以主管必须做转达，有时候要过滤掉信息中的情绪，向双方传递出彼此真正关注的信息。

学习能力：开放性、方向性、职位定位，这些都是可以通过学习习得的，学习的方法有很多，我用得最多的是体验学习。

责任担当：责任担当与职位定位相关，机构中每个角色都有自己的定位及相应的责任，大家的责任都非常重要，然而中层主管的责任与上下都相关，我觉得分量更重。一方面，主管有责任教导同事处理工作，包括授权指导和愿意承担责任（而非将工作交给他人自己不管）；另一方面，承担责任意味着要保护好自己的同事，视他们如伙伴。

（美燕）

操练：

从专业能力方面而言，除了自身需要掌握组别或领域的专业知识以外，作为主管还需要掌握点评和指导的能力，为下属指点迷津；从角色定位方面而言，作为组长除了专业能力，还需要组织管理方面的能力，作为桥梁联系上级与下属，计划并统筹整个项目工作任务。

（丽平）

上述摘要是以质性的方式探讨所得。依照新近晋升为主管的社工实际经验或主观的认知，表达对升职的感受，对各项管理能力重要性及应具备的程度作主观的评量，以开放式问答及质性研究之深度访谈方式，针对受访者了解其对管理核心能力的看法，最后发现最重要的 11 项操练有：①改善心智模式；②重新认识机构的愿景、使命、文化及愿景管理；③知人善用；④建立个人的专业支援系统；⑤重视社区关系；⑥仆人式领导；⑦多学习管理微技巧；⑧项目管理；⑨提升执行力；⑩沟通法则；⑪全方位软能力。

献给刚踏进管理门槛的社工管理人员

恭喜你，经过多年的努力，已从同辈社工中脱颖而出，成功晋升为单位的主管，进入机构的管理阶层，成为新手社工主管。身份转变了，角色也改变了。初登此位，你会不会无所适从，不知所措呢？

因应工作内容的转变，现在你必须改变你的心智模式，心态需作360°转变，甚至要换一个新的“脑袋”，将职场的“旧我”放诸脑后，重新建立职场的“新我”，重新装备自己以面对前面的挑战。

大鸭与小鸭

每人的能力及际遇不同，今天做不到的事并不代表你明天做不到，而今天你有了小成就，在不断学习技术知识和积累之后，明天你就可能会有大成就。

圣严法师年少时与父亲一起观看鸭子在湖中游泳。他看到大鸭游出较大涟漪，小鸭背后泛起的涟漪较小，且落后于大鸭，感到困惑，便请教父亲。父亲告诉他，大鸭游的水路是大路，小鸭游的水路是小路，在水面上或许呈现的水路不同，但最终它们同样可以游到对岸。

这说明当你力量强大时，可游出一条大路，做较大的事，如成为中心的主任。但你不要因此而自满，因为“小鸭”只要肯努力和坚持，也一样能游到彼岸——成为中心主管。另外，即使你今天还是一只“小鸭”，力量较小，亦不要轻看自己，因为只要努力再努力，他日也可以游出“大路”来①。

升上了主管阶层，同事会替你高兴吗

大家本来是属同一个团队的，你脱颖而出成为团队新的主管，团队内你的战友会真诚地向你道贺、为你高兴吗？

真心地替他人高兴，说得容易，却不易做到。特别是大家背景、学历、年资等差不多，偏偏对方可以晋升，而你没有，

---

① 参考谭志强：《60 岁的 1000 公里：一位退休社工的小小环台慈善跑》，北京·经济日报出版社，2017 年版，第 143 页。

日后还要听从他指挥，由他领导。别说要替他高兴，能不妒忌，已经不错了。新晋的主管们，你是否会留意到同工对你升级的反应？日后你怎样带领你的队友继续与他们共事呢？

“《今日心理学》引述加州大学的研究指出：人们通常只会在没有利益冲突的情况下，才可以真心替别人的成就而高兴。又或者，对方得到的非自己的渴求，也会较容易真心祝贺对方。例如看到运动员得奥运冠军，这荣耀距离我们比较遥远，很少会触发到我们的妒忌。相反，姐姐换了大房子，好友丈夫升职加薪，邻居的儿子进了名牌大学，这些快乐，和我们梦想拥有的东西接近，我们就未必可以做到百分百真心替对方高兴。”[①]

在不确定是否得到下属的真心“祝福”前，新手社工主管仍应与下属保持亲密关系，聆听他们的意见，虚心纳谏，集思广益。但这种关系是“亲密有间”的关系，是一种不远不近的恰当合作关系。新手社工主管需刻意营造与下属的安全距离。

与下属保持适当的心理距离，可以避免下属的防备和紧张，可以减少下属对自己的恭维、奉承、送礼、行贿等行为，可以防止与下属称兄道弟、吃喝不分。或许我们可用“刺猬法则”来解释一下。

活用“刺猬法则”

生物学家做过一个实验：在寒冷冬天里，把十几只刺猬放到户外的空地上。这些刺猬被冻得浑身发抖，为了取暖，它们

① 陈颂红：《真心替你高兴》，2018 年 5 月 23 日《信报》。

只好紧紧地靠在一起，而相互靠拢后，又因为忍受不了彼此身上的长刺，很快各自分开了。可天气实在太冷了，它们又再次靠在一起取暖。然而，靠在一起时的刺痛使它们不得不再度分开。挨得太近，身上会被刺痛；离得太远，又冻得难受。就这样反反复复地，分了又聚，聚了又分，不断地在受冻与受刺之间挣扎。最后，刺猬们终于找到了一个适中距离，既可以相互取暖，又不至于被彼此刺伤。

“刺猬法则”告诉我们，人与人之间保持适当的距离，才能既互相取暖，又不至于刺伤对方，既要表现出亲和力，也要给人敬畏感。这里的距离当然也包括时间距离。靠得太近，容易给彼此造成威胁，这种现象在心理学上叫“空间侵犯”。

每个人都有属于自己的时间、空间。如果你无缘无故占用别人的时间、空间，影响别人正常生活，是对别人的一种不尊重，还会影响你们之间的感情。比如，在对下属运用空间侵犯的时候，如果侵犯的时间太长，会使下属产生厌烦心理。因为有一个人常站在他的身边，总会影响其正常工作，这显然对提高工作效率不利。“刺猬法则”强调的就是人际交往中的“心理距离效应”。把这个法则运用到管理实践中，既可以获得下属的尊重，避免不必要的冲突，又能保证在工作中不丧失原则。一个优秀的领导者和管理者，要做到“疏者密之，密者疏之”，这才是成功之道[①]。

---

① 参考 http：//wiki. mbalib. com/zh－tw/刺猬法则，浏览日期 2018 年 6 月 29 日。

做个快乐一线社工还是进入机构管理层

很多一线社工，很早已表明不愿升级，以下我们来听听社工丽平的心声：

“我不是那种要扬名声、显父母的人，只要工作有保障，收入能够让我活下去就可以了，最好是自己做自己的事，更不想管人、带人、带团队……最多只做到单位的 No. 2，因为遇到困难时，至少还有一个上司和我一起撑。”

“人生最重要的是开心，同事年龄差不多，做事大家一起商量，上司下属关系平等，有同坐一条船的感觉，不希望整天看到上司欺压下属。上司须要有担当，有问题时不会让下属独自承受。”

“遇到的是倾囊相授的好上司（虽不是和颜悦色那种）会很开心，但部分同事却找麻烦撂挑子，令我伤透脑筋。”

一线社工不愿晋升的原因

（1）要做个快乐社工，享受专业满足感

做个快乐的社工比较容易，因为带领各类康乐活动，帮助有不同需要的案主，经过两三年训练就会手到擒来，变成了“熟手社工”，非常专业。别人觉得难搞的，他总能轻松处理，帮到别人，成就感也很大。久而久之，他很容易处于舒适区域（Comfort Zone），不会因为增加一点点工资而选择离开此舒服地带，离开开心快乐的“助人”领域而进入“管人”的复杂工作环境中去。

（2）不为五斗米折腰

当你对工作已经驾轻就熟，成为中心的“花旦”和“小生”，你的上司就会留意你，器重你，希望你能带领并提携协助其他新入职或无经验的一线社工，让中心的服务质量得以提升，机构通常会分派一小队社工让你督导，希望你可以用过去的成功经验去帮助他们做得更好。很快你就会被委派成为组长，成为新的初级管理人员。但沾沾自喜过后，冷静分析，你可能会感觉得不偿失，因为升职后，工作量倍增，但收入只增加二三百元。“管人”不易，每星期都要去总部开会，可是手上的工作任务仍等你会后去处理。此外，你会遇到不同的障碍，例如你会成为你下属及上司的夹心人（即所谓公司“三明治”）。

“由快乐的一线社工变成初级管理人，没错，增加了少许工资，但你却要付出3倍以上的努力，付出与收入似不成正比呀！”

“就算是一线社工，不管工作多刻板，都有东西能学到，我觉得过去两年没浪费，有时间和空间去助人，已经好满足，没刻意规划个人事业，更不需要飞黄腾达。”

“我没有野心，家人对我影响颇大，因而建立了我对事业的价值观。家人给我很多训勉，例如叮嘱我不要为五斗米折腰，不要随意转工，同一份工作要慢慢学，慢慢升，不要跳来跳去。”

当主管之前的考虑

（1）自省

人贵自知，我们必须运用SWOT（S = strengths 优势；W = weaknesses 劣势；O = opportunities 机会；T = threats 威胁；强弱危机分析）进行自我分析，知道自己的强项及弱项是什么。绝大部分一线社工没有管理的经验，只埋头于个案、小组等实务工作。但小组、个案及社区工作做得好，不等于就能胜任管理团队的工作。

没有管理的经验事小，没有管理的兴趣及动机事大。部分社工得知上级要给他晋升时，因为考虑到晋升收入会立刻增加，也怕错过晋升机会，所以第一时间答应了。但事后却发现自己真的不喜欢管理工作，在不能有效带领工作团队，遇到连番挫折后，可能会感到力不从心，会知难而退，要求上级将他调回原职，或转换到其他机构工作来逃避。

（2）做好愿景管理，眼光放更长远一些

在国内，社工专业从业员多为女性，男性社工人数较少，男性社工因此经常被称为“职场国宝”。女性生涯规划多是：大学毕业后开始就业、结婚、生子，之后就以家庭为重，事业很多时候只放在次要的位置上，故升职以后，为她们带来“薪”及“辛（苦）”的增加。毋庸置疑，这不合乎一般女性社工生涯的需要，她们不能不接受照顾家庭、生子及相夫教子的任务。升职会使她们处于两难的境地。

对男性社工而言，他们不只要看现在，还要看 5 年、10 年后的未来。如果此刻用上几倍的努力却只有少许的加薪回报，的确很难说服他们为何要接受升职方案。这时我们就要作出适当的愿景管理，即要将眼光放长远一些，因为没有踏出成为初级主管这一步，就没有第二步及第三步的跨越。即使你表现出众，可能在两三年后再晋升为中级管理者，再过一段时间后，晋升为高级甚至机构的理事，但这是不是你个人的愿景呢？

如果给你选择，你会用加倍的努力去换取晋升，还是决定保持现状，做一个快乐、没有太多压力的社工呢？

印象管理

升级以后，除了换一个新的“脑袋”，还须改变形象。

给别人良好的印象是新手社工主管成功的基础，是建立工作权威的前提，也是作为机构形象的一个重要标志。管理者的良好形象可以向服务使用者传递卓越服务文化，提高案主的信任度，更可以向下属传递积极的影响力。

心理学家欧文·戈夫曼（Erving Goffman）提出“印象管理”（Impression Management）的概念，指出人们倾向以一种与当前的社会情境或人际背景相吻合的形象来展示及表现自己，以确保别人对自己作出正面评价，留下良好的印象。而印象管理迄今仍被广泛地应用于个人，甚至一家公司的形象建设上。新晋社工主管更要做好印象管理①。

这个概念也称为“自我呈现”（Self Presentation）。毋庸置疑，新手主管会试图去管理和控制他人对自己所形成的印象。印象管理包括语言上的呈现、策略性行为、外在的衣着、包装、发型、名片设计等，通过口头语言、肢体语言和策略性职场行为，为自己在短期内建构良好的主管形象，以利于坐稳主管这个职位。

商业创意大师汤姆·彼得斯（Tom Peters）教授曾说：“建立个人品牌，是新世纪生存法则。”他指出21世纪最重要的市场学的学问就是“个人品牌”（Personal Branding），故此创造了“你就是品牌”（The Brand Called You）这一金句。升上管

① 陈彦臻：《建个人品牌谋职场不败》，2018年10月23日《信报》。

理层位置，新手社工主管在办公室内要注意自己的形象及表现，多花一点时间在形象建设上。例如要经常注意自己的面部表情，不要整天愁眉苦脸，说话时不要东张西望，表现出你的淡定，要时常展露你的笑容，一定要注意轻松地运用肢体语言，以保持你自己标志性的仪态。

选择会议座位隐藏含义

召开内部会议时，除非座位是指定的，尽量不要经常坐于末席位置（C及D座位），因为末席位置并不显眼，给人的印象是想远离或逃避上级，不想让自己太显眼。如每次开会都坐末席位置，会给上级留下工作态度比较消极的印象。

小 Tips

新手社工主管召开自己的会议时，可考虑使用圆形会议桌，因为圆形会议桌没有主次之分，大家都处于平等地位，就没有上述问题。

修身，谨言慎行

社工管理人员的言行举止不仅代表了他自己，也代表了他所服务的机构。自己的一言一行都要小心谨慎，不然就影响个人及机构的形象。故管人关键在于修炼自己。

作为上级，要以身作则，例如要准时上班，不然就很难告诫那些经常迟到、早退的下属。

社工重视沟通，但要慎言，选择恰当的言辞，清楚去表达，不要伤及别人。

首先，主管不要当众斥责下属，也不要在他人面前责骂同事，甚至同事不在场也不要在众人面前说他的不是。在人前向下属大喊大叫是一种公开的羞辱，新手社工主管不要犯这种低级的错误，这是个关乎个人修养的问题，作为管理层要慎言，尊重下属。

其次，有一种情况，主管为避免尴尬和维护团队的和谐气氛，会将对 A 社工的不满意借故向其好友 B 社工陈述，目的是希望通过 B 向 A 反映。这个做法不可取，建议在督导时直言，避免转述的内容被曲解或增加了“盐醋”。

为何上司不断晃腿

心理学家指出上司的晃腿有助双方缓解精神紧张。一方面，部下犯错，感到内疚，担心受到批评，故十分紧张。上司晃腿可缓解紧张气氛，让部下放松一点。另一方面，部下犯错，上司实难容忍，但作为有水平的上司，又不能直接将怒气发泄到部下身上，晃腿可以减轻上司的焦躁。

你属哪一类管理人员

20 世纪 70 年代，笔者在香港社会福利署工作，专业学位社工需要 12—15 年时间才可晋升一级。能跨越此瓶颈实在需要真材实料，有优异表现才可以。晋升前的社工全都是一线社工，被督导和管理。由于没有管理经验，故在提拔升职前后都需要进修管理课程，而且按照一般晋升机制，很少是直接晋升的，而是需要经过“试升”（“Acting Appointment”）的阶段。“试升”期由 3—4 个月至 1—2 年不等，视乎你的表现而定。有些社工，由于表现欠佳，过不了“试升”这个关卡要返回原来工作岗位，等待下一次“试升”的机会。经历几次“试升”才实实在在升一级的大有人在。故“升级”是大事，是事业的转折点。薪酬多了，社会地位也高了，更会受到同事的祝贺。的确，个案、小组或社区工作做得好并不等于可以有效带领团队以及督导那些能力有高低不同的同事。

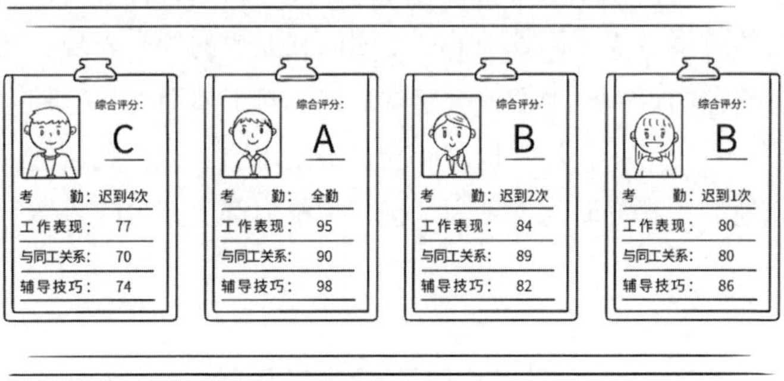

数字决定成就

社会工作作为职业在国内发展刚迈过10个年头，社会机构越来越多，如雨后春笋般出现。以广州为例，2011年只有数家家庭综合服务中心，到了2018年已增至188家。那些提供医务社会工作、社区矫治、美沙酮戒毒、养老服务等专项服务的机构数目也不断增加。故一线社工晋升机会较多，在前5年的发展阶段，初出道社工可在2年后就升为家庭组、老人组、青年组等组的组长职位，能力稍强者在2—3年间便可晋升为中心主任，甚至为机构的首席执行官。

笔者在工作生涯中，遇到很多新手社工主管，包括内地的社工新俊。看到他们从“被管理”转到“管理”阶层，每个人应对新的挑战、适应新工作岗位的方法各有不同，有些战战兢兢、扎扎实实地去迎接挑战，有些则趾高气扬、自我膨胀。总之，他们的“自我呈现”离不开以下几种形态。

自我膨胀型

这是自我本位的行为，也是自我防卫机制的一种形态。刚晋升为主管，部分人会表现出高人一等，沾沾自喜，经常吹嘘自己的成就，或他们管理的社工团队在业界的领先表现。唯有维持这样的行为，他们才会感觉良好。对下属而言，这种自我吹嘘、自我膨胀，经常抢着展现自身的聪明才智，是傲慢的表现。他们大部分时间都趾高气扬，把精力都放在自吹自擂上。

讨好型

很多新手社工主管都以为只要大家开开心心，就什么问题都没有，因此他们不敢指出下属的缺失，担心下属不高兴，使自己成为“坟场总管”（Head Caretaker of the Cemetery）——

虽有很多人在你下面，却没有人会听你的指示。因此，他们时刻都想取悦所有的员工，希望做到面面俱到，不想得罪同辈，目标是让团队内每个人都接纳他，不排斥他。他经常会问："你觉得这样做好吗？你会支持和接受吗？""你对此安排满意吗？"这都是讨好型主管的表现，是缺乏自信的表现。现实是多数的决定不能满足所有人的需求，追求皆大欢喜是缘木求鱼。讨好型主管太在意团队内少数反对者的声音，希望做到多一个朋友就少一个对手。

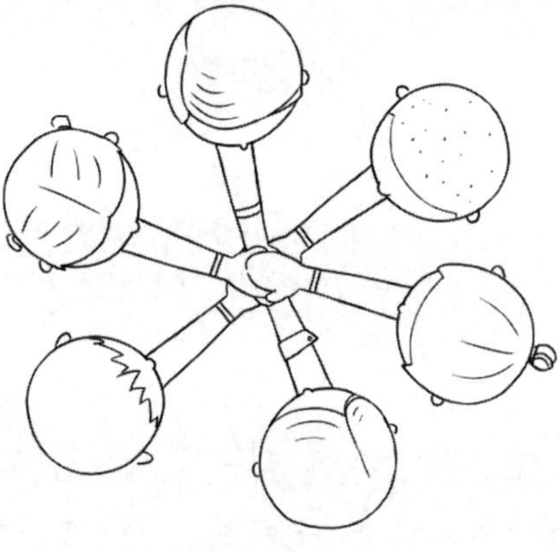

团队精神

由于害怕触怒共事的社工，新手社工主管要求无止境容忍各方意见，反而使机构陷入瘫痪，也会令其他员工觉得他不够成熟，无法理解制定决策背后的逻辑。虽然新手社工主管以体贴团队员工自诩，但他其实只是欠缺自信而没有诚实对待员工，不敢告诉他们真相；只是粉饰太平，为了维持自我价值感而已。

焦虑型

在社工机构当主管，需要多元的关键才能，不单要有运筹帷幄的智慧，还要有关照服务对象的热忱。此外，周旋在行政支持团队里，要学懂人情世故，不然就天天被办公室政治所左右，更不能为了芝麻小事寝食不安。处理突发事件时，绝不能用情绪反应作决定。

新上任的社工主管，头两三个月里焦虑是比较大的。焦虑型的主管多会放大所有负面情绪，经常将焦虑的两个变量（即你不知道的事和你无法控制的事）相乘，使自己的无力感呈几何级数上升。

为何上司只是提醒，初级主管就马上低头道歉

不管什么情况，他对上司总是说一句“对不起”。心理学家认为这个初级主管并没有真正反省的意思，他只希望先说道歉的话将对方的怒气平息，对自己的责任追究没那么严厉。他不想接受批评及指责，只想从被批评的不舒服环境里逃跑。这样的初级主管自尊心较强，但内心较幼稚。

怪罪型

被晋升后战战兢兢，但能力有限又经常犯错，为了给上级一个好的形象，为保住自己的颜面，不仅不为自己所犯的错误承担责任，还转而责怪他人，结果只会蒙蔽自己，无法看见自身的不足。笔者发现年青一代人常会看不到自己的不足，总是把矛头指向他人，将焦点放在批判他人上，这既拖延了找出错误原因的时间，也阻碍制定避免日后重蹈覆辙的措施。怪罪文化可能是机构弊病中最常见的现象，怪罪他人仅表示新手社工主管逃避面对自己的不足。

推卸责任

这是自我防卫的一种，推卸责任的人是想逃避精神压力，一般都比较幼稚。

"只说不做"型

这种新手社工主管的风格是会议一个接一个，大多时间都是议而不决，决而不行，只会分析品评，却优柔寡断，毫无执行力，会议最大成就是决定了下次会议日期。

"只说不做"几乎是一种传染病，初为领导，只会强调问题在哪里，却未付诸行动去解决。多番论证、重视程序，这实在令人唏嘘。原因是"不做不错，多做多错"。

"怨天尤人"型

这种类型的新手社工主管在面对问题时，不是集中精力，彼此合作去解决问题，而是整天“怨天尤人”。

“为何刚晋升上位就出现这问题呢？对我而言实在太不幸！”

“为何不早一点出现，那不是可以令自己躲过一劫吗？”

这种“受害者心态”在新手社工主管中比较普遍，原因是解决问题的难度真的很高，他们真的力有不逮。新手社工主管经常被这种“受害者心态”所折磨，其实这反映了他们的无能为力而已。

对照自己，你属于哪一种形态的主管呢？

工作日程的“断舍离”

刚踏进管理门槛管理他人的你是不是一早就到办公室，打开计算机就看 e-mail、回复电话、赶开会、批阅文件？忙完这些事一转眼又到下班时间了，这才发现更重要的年度计划还没做好，唯有加班赶进度。这样忙忙碌碌的一天，忙得没时间思考，分不清楚事情的轻重缓急，最后搞得一团糟。要改善这种情况，我们必须学习时间管理的“断舍离”。

其实时间管理的精要是要按照个人喜好安排工作、社交、家庭、学习、休息的时间，这才是时间管理的目的，通过时间管理的实施，也能帮助清理及简化我们的思绪与工作状况，找出占满时间表的内容及关键原因，并要找出解决之道，删去那些不必要的庶务。所以我们要学习工作上的“断舍离”，才不会被时间追着跑。因此，时间管理是减法，不是加法，将不必要、不重要的事务交给下属，或大刀阔斧地将之省去[①]。

---

① 参考 2018 年 6 月 20 日《信报》，第 B12 版。

重管理，更重专业？

《从A到A+》的作者指出，一个卓越领导的首要条件是要有专业坚持的意志力[①]。很多社工机构的中层管理者，在担任管理职务的同时也不忘初心，承担一定的专业工作，有些人还是专业主力，仿佛仍是机构督导一样，这是有专业坚持意志力的表现。这里的问题不是管理者能否承担专业或业务工作，而是是否会造成管理缺位或失位的问题。很多管理者在协助处理复杂个案时花了大量的时间、精力，以致忽略了基本的管理工作。现实中，社工专业在国内正处于始创阶段，仍未稳定扎根，专业水平有待提高。如主管只重管理而忽略专业成长，这也是舍本逐末。

当主业还是当副业需要弹性处理

在需要时，有的社工主管实际上把管理当成了副业，放到次要的位置，工作重点仍然向社会工作实务倾斜，因为目前大部分社工服务单位较为小型，只有10多人，管理工作不太繁重。

当社工还是当领导

一些管理者习惯了当个人英雄，对高难度个案及服务对象的困境往往身先士卒，更享受当专家的感觉，能找回一线社工

---

① ［美］Jim Collins：《从A到A+》（齐若兰译），台北·远流出版事业股份有限公司，2002年版。

助人的成就感。特别是机构的一线社工大多为草莓族（好看不好吃），专业自主度偏低时，一些管理者不愿意当团队领导，不习惯通过发挥团队的力量去达到目标。

在其位要谋其政

一些社工管理者只是名义上的管理者，但很少做实质的管理工作，对下属不闻不问，采取全放任政策，这也是不对的。

刚刚踏进管理门槛的社工首先必须认识到管理不是自己的全部任务，主管既是专业人员也是管理人员，但要留意的是做专业工作必须以不耽误管理工作为前提，两者要作出适当的平衡。

初为社工主管，压力大，最抑郁

“在新春团拜中遇到了师兄，交换名片后，我羡慕地对他说：‘你真棒！大学毕业两年就做了中心的主任，有三四名社工跟着你。’‘绝对不是像你所想的那样！如人饮水，冷暖自知，如果有得选，我宁愿不升级。’师兄语重心长地回答说。”

据美国哥伦比亚大学梅尔曼公共卫生学院的一项调查结果显示，中层管理人员出现焦虑及抑郁症状的比例最高（18%），而较低层的员工只占12%，上层管理人员则占11%。一般社工以为做中心主管带领小团队很气派；现实是中层管理者是吃力不讨好的角色——既要下属心悦诚服，又要令上级认同其领导才能，如果在大机构还要与其他政府部门交涉，下班时往往心力交瘁。如队友有差错，中层管理人员绝对责无旁贷。

职场中层夹心人，压力最大。压力来源有：

- 一切决策由高层决定，中层零话语权；
- 上级交代不清楚，下属又需要你明确指引，万一出错，都是中层的过失；
- 下属办不好时，中层要跟进，并要背黑锅；
- 有功劳永远归高层，庆功你没份。

远离倦怠

新手社工主管在这一阶段最容易感到倦怠。升级前得心应手的你，现在因为工作量增加，工作时间变长，工作性质有了大改变，很多时候得不到合适和实时的支持（如法律咨询、行政支持等），亦未能掌握快速适应新环境的基础知识。你可能发现自己倦怠，感到焦虑，失去了原有月亮般的光彩。

怎样算是倦怠呢？专家认为，如你感到耗竭、迟钝、提不起兴趣、没精神、沮丧、无助、疲劳等[①]，就表明是倦怠。此外，新的任务如编写年度计划、招投标、评估等，你做起来感觉困难重重，没有一点成就感，服务对象、同事、上司开始觉得你的效率低下人又顽固。以上的情况，都会让你失去动力，乌云满面，没有以前的阳光气息。

新手社工主管职业倦怠原因包括：工作难度大，支持力度弱，工作时间长，工作熟练程度低，缺乏有效督导及团队支持等。

可不是吗？怎样预防并除去倦怠，吹走乌云，是学者常议、热议的话题，学者的建议包括：

---

① ［美］杰拉尔德·温伯格：《咨询的奥秘》（劳佳译），北京·人民邮电出版社，2015 年版，第 207 页。

●加强宏观层面倡导：增强社会对社工专业的认同，建构一种社会关怀体系。

●增强社工机构对新手社工主管的支持：如，明确岗位职责，建立量才而用的机制，增进社工沟通等。

●增进社工个体才能：通过自身的学习提高自己的专业督导技能和知识，增强带领、助人服务的信心。学习自我调节和减压方法。通过自我赋能的方式促进新手社工主管不断成长前进，无畏面对挑战。

小结

人的一生中有许多的转折过渡期。对社工而言，受到上司赏识及提拔，踏进了机构管理层，应该是一个最大的转折及挑战。在这个新的阶段，除了期待和兴奋外，新手社工主管或许还感到忧虑和害怕，存在适应的困难，主要表现在情绪、社会适应、行为、工作能力、管理技巧等方面。进入管理层初期难免都会面对适应问题。

笔者希望本书所推介的十一项操练能协助新手社工主管顺利度过工作生涯的这一重要时期。

换了岗位，要更新“脑袋”

换了岗位，就要更新心智模式，换个“脑袋”，让决策从机构的角度去考虑。

更新心智模式

不要当了中心的主管，心态仍似一线社工。

或许你以前对你的机构管理层有很多意见，就像欧美等国家的在野政党凡事都反对政府，但这些政党上台执政后就会立即重新包装，调整思维，不再为反对而反对。

当你从一线社工当上中心主任或组长后，你就要有主管意识，改变心智模式，转换角色。你的角色可能是以下的一种或两种以上的混合体。

土虱型主管（管工、具高执行力）

为了增加组织的战斗活力、延续组织的生命力，领导者可以在组织中安排一些“土虱”。喜欢钓鱼者都晓得，如果把鱼钓上来超过一个小时，放在篓子里的鱼儿往往奄奄一息，所以擅长钓鱼者经常在鱼篓里放一尾土虱。由于土虱生性喜欢攻击身边的鱼，鱼群必须持续跳跃躲闪，以避免被攻击，因此鱼篓里的鱼即使经过数个小时，还是活蹦乱跳的。

新手社工主管可能被指派适当地扮演“土虱”（管工）角色，刺激组织成员的生存力，这也未尝不是一件好事。只不过“鱼”与“土虱”的比例一定要控制好，否则弄巧成拙。担当“土虱”角色的主管必须身先士卒，站在第一线，安排好工作团队中每人的职责，激励及监督员工一起完成任务。

鹰型主管（追求高效，汰弱留强）

鹰是所有鸟类中最强壮的种族，这可能与鹰的喂食习惯有关。母鹰一次产下四五只小鹰，由于它们的巢穴很高，所以猎捕回来的食物一次只能喂食一只小鹰。鹰的喂食方式并不是依照平等原则，而是哪一只小鹰抢得凶就给谁吃，在此情况下，瘦弱的小鹰吃不到食物都会死，最凶狠的存活下来，代代相传，鹰一族愈来愈强壮。这个故事告诉我们，主管被期望像鹰般主动进取、高要求严标准，采取适当的淘汰制度，不会因小仁小义而耽误了进化，不会在竞争的环境中被自然淘汰。

鹰型主管永远站在舞台高位，是强势的主管，积极、主动、充满干劲，所有人都看到他/她，他/她是唯一拥有项目决策权的，决定人员强弱平衡、速度快慢的人。

企鹅型主管（公平公正，按章办事，大公无私）

企鹅被喻为一种最平等最没有阶层等级的动物。

在严寒的天气下，它们大多围拢在一起，身体相互贴近取暖。当然，中心位置是最温暖的，相反，最外围的一圈则要承受寒风的吹袭，企鹅如长期处于外围，肯定会变成了冰条。处于中央的企鹅会自动自觉轮流走到外围去，让外围的企鹅向内圈到中央的位置取暖。它们不分阶层，不分地位、性别，每只企鹅都会轮流换班，由中心到外围，再由外围返到中心，同心协力地面对冰天雪地的挑战，度过寒冬。

主管是否一视同仁、平等地对待每一名社工，让大家能有公平公正的工作环境？企鹅型主管带领员工，讲求平等并按规章分配工作。他在办公室有如法官，维持正义，公平地排难解忧，决不徇私。

雁型主管（精于团队建设，有效带领员工，善用员工才干）

雁群每年冬天前必须飞行几万公里，找到温暖的地方栖身。有人对雁群飞行现象研究后发现，大雁成群结队在高空飞行过程中，始终保持“V”字队形，由于集体飞行所产生的气流作用，集体飞行比“单飞”的效率增加了 70% 。大雁飞行原理在团队经营中有很多启示：

（1）当领头的大雁累了，它们会轮流退到侧翼，换成其他大雁飞在最前端（轮流执事，换位思考）。

（2）对后面的大雁，在飞行中的叫声不是嘘声、批评，而是鼓励，用于保持整体速度，继续前进（彼此鼓励，保持士气）。

（3）当出现某只大雁感到独自飞翔迟缓吃力时，就会立刻归队与团队一起飞。大雁愿意接受团队帮助，也帮助他人（团队合作，不愿脱队）。

（4）飞在前端的大雁努力切断劲风（不怕艰难，身先士卒）。

（5）当一只雁生病或受伤，会有两只大雁由队伍中飞下来照顾它，直至它康复或死亡，陪伴的大雁才会自行组成小队伍，努力追赶雁群队伍（包容，彼此支持，共同面对挑战）。

雁型主管精于团队管理，具有针对性部署的能力，以实现目标为己任，重激励，纪律严明。

海豚型主管（智能型领导，持续力强，觉察力高超）

海豚有两项特征与其他动物不同：

换气：海豚是在水面换气的海洋动物，每换一次气可在水下维持二三十分钟，耐力惊人。

大脑：海豚的智力商数可能比除人类以外的灵长类物种还要高，但数据的容载量却比后者低。海豚的大脑有两个半球可以轮流休息，所以也可以说海豚是“不需睡眠”的。一般来说，海豚慢波睡眠时只有一个大脑半球在休息，所以此时它可以有足够的意识来呼吸并观察周围是否有捕食者或者其他危险。

当项目展开后，海豚型主管可以不眠不休，持续不断地努力，全力以赴，利用高超智慧去带领下属工作，警觉力特强。

圣诞老人型主管（论功行赏，善用奖赏激励员工）

传说驯鹿在圣诞节平安夜都会驾雪橇在天上飞翔，盛载着装有礼物的大袋子，陪着圣诞老人，让他挨家挨户地从烟囱进入屋里，然后偷偷把礼物放在好孩子床头的袜子里，带给他们奖赏激励。团队逐步建立规范，而这些规范则是通过奖惩制度树立的。赏罚要及时，否则效果就会打折。对积极又有贡献者要欣赏、赞美，年终奖金要适当增加，对工作表现平凡者也要给一定的奖赏，但表现倒退的员工则没有奖赏，这种论功行赏的方式，一定要持续，方有效果。圣诞老人型主管就像圣诞节时圣诞老人那样，一定会驾驶着鹿车，给员工派发员工应得的“礼物”。

作为管理者，你的角色风格应该是怎样的？无论你扮演什么角色，你要换一个新“脑袋”，才可将主管角色扮演好。

提升主管意识：从自我跨越至机构优先思维

身份转变了，角色也改变了。初登主管职位，你会不会感到无所适从，不知所措？因应工作内容转变，你第一个操练就是要改变一下自己的心智模式，换一个新的“脑袋”，将职场的“旧我”放诸脑后，重新建立“新我”，面对前面的挑战。

以前的你，是一线社工，不论个案工作也好，小组或社区工作也好，你都会直接面对你的服务对象，以他们的福祉为优先，经常检视你的实务技巧是否做得最好，是否使服务对象受益。

现在的你，需要领导团队、决策判断、交办授权、进行绩效管理，甚至参与机构项目招标工作，面试新入职社工等，必须从心理准备做起，更新自己的思维，从“自我”“案主优先”跨越至“机构为先”的意识。

“夹心人”

新手社工主管们，晋升后你们已经成为机构的中层管理阶级，成为所谓的“夹心人”。机构高层没料到的，机构基层社工做不到的，现在都归你们管。在上下压力之下，你们在有可能两边都不讨好的情况下，有时会苦恼，变得孤立无援。而服务的机构鲜有为你们开设相关训练课程，这种“苦况”，如人饮水，冷暖自知。新手社工主管们，你以前只懂社工种种微技巧，现在则要面对全新的挑战，需要全新的思维，全新的领导技巧。你们该怎样应对呢？

高层的想法

晋升前，机构高层欣赏你的才干，甚至视你为明星社工，能力比其他社工强，对你有较高的期待，所以对你委以重任。在你晋升后，他们对你的期望如同过去，想着你就是他们心中的杰出社工，一定懂得领导团队，这导致新手社工主管压力重重。

此外，当上主管的那一天，高层期待你行事与决策都能从机构的角度去思考，追求的不再是自我利益，而是机构利益。你会怎样去应对呢？

社工下属的期望

以前，你和一线的基层社工一起同甘共苦，称兄道弟。他们对晋升后的你除了替你高兴外（曾是你的竞争者例外），可能期望你晋升后能为他们提高福利，改善工作环境，同理心地理解他们的工作压力，期待在你带领下有新“气象”。如果你在执行上级的刚性目标时，工作认真，要求严格，使命必达，很容易被同事指为“上司的打手”。如果你仍靠着硬拼硬干，把基层社工不愿做、做不来的工作都揽来做，不仅会累坏自己，还可能拖累团队，影响机构的未来。为了得到同事的拥护，新手社工主管大多不敢亦不积极要求同事加把劲配合，但一旦团队绩效下滑，就会被上级领导扣上“领导乏力”的污名。

从机构层级的全方位结构分析，中层主管是饱受压力的人，因为他们可能得不到高层领导的信任，得不到基层员工的拥戴，也难以取得跨部门主管的支持和配合。

为了舒缓新手社工主管的上述压力，机构高层或许可以做一些事。例如考虑将新手社工主管调往其他中心，减少来自原来队友的压力，免去左右为难的困局。但这样做亦会给新手社工主管带来适应新的工作环境的压力。

笔者在香港和香港特区政府社会福利署工作时，对资深有潜力的社工会预先进行管理的培训，并会将他们轮调到不同的工作环境，以扩大他们的经验及视野，为晋升做好准备，并且在确立晋升之前，会有“试升”的过程。“试升”约为半年或半年以上，以考验这些社工的管理能力，证明其确有管理能力以后，才会正式公告晋升名单。

小结

笔者浏览过一个“蜕变”的视频，该视频讲述空中霸王——鹰活至中年，锋利的爪开始老化，喙变得又长又弯，翅膀也变得沉重，飞行时感到吃力，但为了展开第二生命，它全力飞到一个绝高的山巅，并于悬崖上筑巢，不断用喙击打岩石至旧喙完全脱落，待新喙长出后，再用新喙将趾甲逐一拔出，最后把沉重的羽毛一根一根拔掉……经历了大半年的蜕变，脱胎换骨后的雄鹰又开始展翅高飞。广阔无限的空间再次任它翱翔。

虽然有人质疑这段视频的真实性，但这个“蜕变”的思想值得我们思索和借鉴。新手社工主管们，你们正是“再生雄鹰”的现实版。在工作生涯中换了工作位置，就要像鹰一样，要将“旧我”重组，建立“新我”，改善心智模式，换一个新的“脑袋”，时刻提醒自己要抛弃本位主义，切勿凡事以个人利益为导向，而要具有机构意识。既要站在机构高层角度去思考问题，也要从社工战友的视角去解决问题，更要面向与自己平行的其他单位去规划，这样才能有效地达到机构目标。

祝愿各位新手社工主管能超越再超越，你们必会重新获力，如雄鹰展翅上腾，将主管的角色做得更好，飞得更高更远。

操练二

重新认识机构的愿景、使命及组织文化

重新认识机构，真正清楚它的使命、愿景、愿景领导和组织文化。

到底什么是机构的愿景和使命

新手社工主管们，你们必须要能对自己机构的愿景和使命铭记于心，因为无论是寻找新的资助，还是参加任何行业内比赛，你们被问到的第一个问题就是“你们的愿景和使命是什么，有什么组织文化”。这恰恰是一线社工最搞不清楚的，甚至是一无所知的，因为他们以前只知道做个案、带领小组、开展活动。

愿景

代表了高阶社工主管的策略意图。它是对机构在特定时间内想要获得的行业位置，以及机构未来达到该目标所必须具备的核心能力的精准描述。

使命

说明机构存在的目的，包含了引导管理层执行该使命的专业行为准则。

一般来说，愿景是指机构的发展方向。因为唯有借助愿景（即所有社工人员共同向往的前景），才能有效地培育与鼓舞社工组织内部所有人员向着共同的目标发展，所以，愿景的根本目的在于吸引和激励机构的社工。

因为社工们都相信那个美好的未来必将到来，所以才踏上漫漫前路；也正因这样，我们才能激励团队里的社工、同事、资金提供者、志愿者、受益者等所有利益相关人与机构一起努力。

我们来看一个实例：香港科技大学成立时明确地说明了愿景：要在 20 年内成为亚洲的麻省理工学院。

其实使命与愿景是一脉相承的，愿景说明了“那个美好的未来该是什么样子”，使命讲述的就是“我们将如何来实现那个未来”；如果愿景说的是 Why（为什么）和 What（是什么），那么使命就是 How（怎么办）。

使命就像是社工机构自己认定的发展理论，意即我相信“通过这个路径可以到达那个未来”；从陈述手法上说，就是“我们到底是什么社工机构，解决什么社会问题，创造什么价值”，从而最终实现我们的愿景；从实践层面来说，它与我们的服务模式和服务方向有紧密的关系。

一个好的愿景，不但能够代表我们的眼界和价值观，更能够吸引和激励工作伙伴、相关利益方以及受益人群参与，一起为它努力。同样，好的愿景和使命还要把它表达好。如何用精练的语言和视觉将愿景和使命表达出来，这也是获得社会资本的重要因素。

提高社工专业地位是目前社工领域为数不多的机构去努力的方向之一。一家广州社工机构，其使命只用了 9 个英文字概括：Be the Wong Po Military Academy for Social Workers（成为社工的“黄埔军校”），言简意赅。

我们很多社工机构的愿景和使命，都是泛泛而谈，空洞无味；有些表述非常琐碎，连自己的社工都不信服，也不想去记，那又如何能激励他人和机构一起去干呢？

各位新手社工主管，请回答一个简单的问题：如果你把机构的使命印在工作服上，会有社工愿意穿吗？印在 T 恤衫上会有人愿意花钱去买吗？

愿景和使命不是一成不变的

愿景也好，使命也罢，也有一定的时限，需要根据外界和内在环境的变化而适时作出改变。当要解决的社会问题消失了，或者我们原来坚持的服务模式不再适用，都要及时调整愿景和使命。

什么是愿景领导

2015 年美国调查机构盖勒普（Gallup）发布报告指出，高效的机构首先要让员工拥有明确的工作目标，清楚机构未来发展的愿景，使他们乐意为机构工作，这便是赋予工作“意义感”。

学习型组织之父彼得 · 圣吉提出的五项修炼对 20 世纪组

织理论影响深远。他提出要建立学习型组织，是通过“自我超越”（Personal Mastery）、“改善心智模式”（Improving Mental Models）、“建立共同愿景”（Building a Shared Vision）、“团队学习”（Team Learning）以及“系统思维”（System Thinking）五项修炼便可以建立学习型组织。其中建立机构的“共同愿景”十分重要。

员工容易被有意义的使命或目标所吸引，我们都希望参与有崇高意义的事业，这正是“愿景”的力量。

一个领导者最重要的是要让下属看见希望，让大家知道，在这个地方努力，他的梦想是可以实现的，同时也必须让大家知道怎么说清楚我们在从事的事情，它的意义和价值是什么。所以作为中心主任，必须有办法做愿景领导。

何谓愿景领导？举一个例子：香港科技大学第一任校长吴家炜博士的愿景是将香港科技大学打造成亚洲麻省理工学院。不到 10 年，他梦想成真，该校的 EMBA 课程世界排名第一。又比如说马云，他们的阿里巴巴有个愿景，就是要让全世界没有难做的生意，所以他们通过电子商务来达到这样一个目标。比如说比尔·盖茨，他的微软有一个愿景，要让全世界都使用微软的产品。今天谷歌有一个愿景，它要通过网络改变全世界。

上文提及一家广州社工机构的愿景是要使该机构成为社工的“黄埔军校”，高效地服务该区域居民，提升机构竞争力。所以他们通过一对一的督导，通过机构的培训，一点一滴，每天都为实现他们的机构愿景而努力。该机构的社工甚有朝气，每天都全力以赴。因为大家都知道做这个事情的意义。当有一个社工参与严谨的督导培训后，他的生命改变了，他有信心去处理个案，带领小组，能举手与人分享；他开始掉眼泪，因为在培训之后他的目标达到，他的社工技巧提升了，他开始有能力去帮助有问题的家庭了，那一刻他多么感动。当那家机构的所有社工都感受到这样的一刻时，真正会觉得他们在做的事情是非常有意义的。这就是一个领导者必须要做的。你要让所有社工及工作伙伴感受到你们在做的事情除了在赚钱养家，除了在达到每一个月的工作目标，除了在推广服务，你们的意义到底是什么，你们到底要为目标人群创造什么样的价值，得到什么样的改变，这就是所谓的愿景领导。

新手社工主管在向其他社工传达关键任务时，别让他们只知埋头苦干，要让他们抬起头来看看每件事情背后的意义。

因此，与中心同工交谈时，新手社工主管尽量以“我们必须为服务使用者提供良好的体验，才能为中心创造更高的效益”，“重视服务使用者的满意度，才能推动服务优化”的用语，取代“全力冲刺 5 星”等指令，才不会让员工觉得自己只是工作机器，机构发展和他无关。

各位，当你用钱吸引人的时候，只能产生普通的效果，当你用愿景，当你用理念吸引人才的时候叫“志同道合”，这才是最有爆发力的、最能够凝聚在一起的社工团队，这就是所谓愿景领导。作为新手社工主管，你必须好好思考：机构的服务产出、你个人的特色以及整个团队的方向是怎样的一个愿景，它讲出来要能引起大家的共鸣，要让大家真正觉得“这就是我要的”。那么，当你能够凝聚这样一群人的时候，这个社工团队的能量是最不可限量的。

美国芝加哥西北纪念医院的院长说该院的使命是，从病患的角度出发，提供优质的照护。他举例子说明医院全体员工

（包括他本人）怎样去推动这个愿景："当老年病人问医院某个地方怎样走时，你不是告知他怎样走就算完事，而是应该亲自带他去，或想办法找人领路。此外，还要注意病人的情绪及状态，要斟酌所有的用字遣词……"

在香港的迪士尼，员工也被告诫，在和小朋友说话的时候，必须要蹲着，眼睛和他们的眼睛平视。

总的来说，新手社工主管必须要把机构愿景贯彻到这些细节上，才有办法让机构的愿景活起来。

为要确保所有社工、文员、前台接待都熟知机构的愿景，让愿景活起来，新手社工主管必须要做到：

- 你的愿景及目标要明确，行为要具体；
- 要不断地耳提面命，不断提醒所有员工；
- 给员工相应的报酬，他们才会甘心情愿地去做这个事情。

想要机构上下同心，愿景一致，新手社工主管必须不厌其烦地倡导服务理念，这样才能让员工牢记。

什么是机构文化

机构文化的特点

在这项操练里，我们也不可忽略机构文化——它指的是一个组织内共有的信念系统（价值观、道德信念等）。一般而言，服务单位的组织文化关系着创办者和其员工对服务对象的无私奉献，为服务对象争取权益和改善生活。机构文化承载着服务机构的愿景和使命，可以说是机构的灵魂，影响了社工的行为。它有以下特征：

- 机构文化一般能得到员工的认同；
- 它被机构内团体所接受；
- 机构文化多以人为焦点；
- 它可以协助机构内各个单位进行整合；
- 它可控制员工对机构规章等的接受程度，也是报酬的标杆；
- 它以目标与手段作取向。

此外，机构亦会出现各种次文化。次文化也会影响机构的绩效，新手社工主管不能不加以留意。

了解次文化，规避风暴

每一个机构里都有小团体，它们各自有自己的文化。

机构里的次文化也即小团体的“圈内文化”或小众文化，指的是某些人的观点和生活方式明显地不同于机构的主流观点和生活方式。因此，次文化可以说是一群具有相似的社会背景的个体聚集在一起，经过长时间的相处、了解与互动，逐渐产生的一种相互认同、共同接受的规范、价值观念、工作态度和方式。

次文化多半会体现在面对事物的思想、态度、习惯、信仰和工作方式上，可以说是一种相对于主流文化的价值、信念，也是伴随着主流文化而产生的一种特殊的价值观念和行为。次文化多半借由团体的认同和共享，也会像主流文化一样流传。在机构内工作的人不只受主流文化的价值和规范影响，也会受到次文化的影响。

“长者组经常有一些事没人做。两个从街道转职过来的员工却没太多事可做。组内一些没事做的人老是盯着做事的社工，议论做事的社工做的事，使做事的社工做不成事或做不好事。中心主任却夸奖没做事的人，因为他看到了做不成的事。主任训诫做事的人，因为做事的人没做成事。但这样使做事的人不得不做更多的事去补救。结果好事变坏事，小事变大事，简单的事变成复杂的事。”社工小孙说。

每个机构都会有主流文化和次文化，主流文化要面对次文化带来的冲击和挑战。这些次文化可能会对主流文化作积极的改进，也可能会对主流文化产生消极影响。因此，新手社工主管不能不留意和审视机构内的次文化。

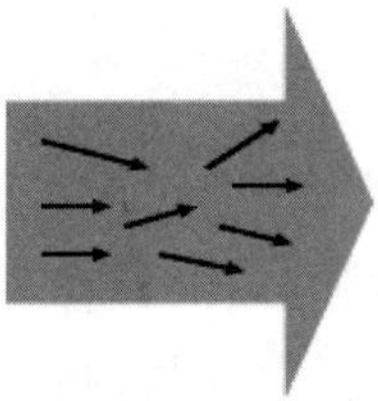

a. 机构组织文化和各工作团队的次文化整体搭配的机构

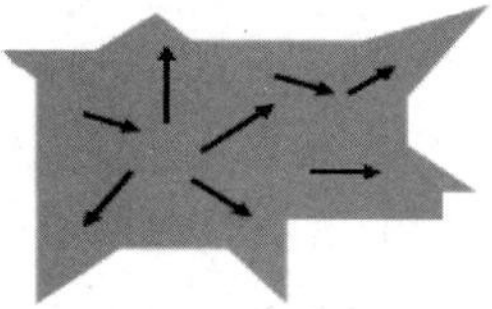

b. 机构组织文化和各工作团队的次文化搭配不良的机构

4 个有关组织次文化的寓言

澳门城市大学教授吴明烈在《组织学习和学习型学校》一书中讲了多个关于组织文化的寓言故事，笔者借用其中的4个来阐述组织次文化，供大家参考，以加深大家对组织次文化的认识。

（1）青蛙的寓言

世界在变，但没有剧变，在温水里的青蛙却全然不知。

可能很多人听过温水煮青蛙的故事。故事是这样的：将一只青蛙放在大锅里，里面加水再用小火慢慢加热，青蛙虽然可以感觉外界温度慢慢变化，却因惰性，没有立即往外跳，最后被热水煮熟而不自知。组织竞争环境的改变大多是渐热式的，如果管理者与组织成员对环境的变化没有疼痛的感觉，组织最后就会像温水里的青蛙一样，被煮熟、淘汰了仍不自知。新手社工主管们应有居安思危、居危思变的意识，不然就会被改革潮流淘汰。

（2）猴子的故事

科学家将4只猴子关在一个密闭房间里，每天喂它们很少的食物，让猴子饿得吱吱叫。几天后，实验者从房间上面的小洞放下一串香蕉，一只饿得头昏眼花的大猴子一个箭步冲向前，可是当它还没拿到香蕉时，就被预设机关所泼出的滚烫开水烫得全身是伤，当后面3只猴子依次爬上去拿香蕉时，一样被开水烫伤。于是众猴只好望“蕉”兴叹。

几天后，实验者换进一只新猴子进入房内，当新猴子肚子饿得也想尝试着爬上去吃香蕉时，立刻被其他3只老猴子制止，并告知有危险，千万不可尝试。实验者再换一只猴子进入，当这只新猴子想吃香蕉时，有趣的事情发生了，这次不仅剩下的2只老猴子制止它，连没被烫过的半新猴子也极力阻止它。

实验继续。当所有猴子都已换新之后，没有一只猴子曾经被烫过，头上的热水机关也取消了，香蕉唾手可得，却没一只猴子敢前去享用。组织禁忌代代相传，虽然事过境迁、环境改变，大多数的社会服务组织仍然恪守前人的失败经验，白白错失大好机会。

（3）螃蟹文化

钓过螃蟹的人或许都知道，篓子中放一群螃蟹，不必盖上盖子，螃蟹是爬不出去的，因为只要有一只想往上爬，其他螃蟹便会纷纷攀附在它的身上，结果是把它拉了下来，最后没有一只螃蟹能爬出去。组织里常有一些分子，不喜欢看别人的成就与杰出表现，天天想尽办法破坏与打压，拉别人的后腿，如果不去除这些不良文化，久而久之，组织里只剩下一群互相牵制、毫无生产力的“螃蟹”。新手社工主管应多加留意这种文化。

（4）鸭子文化

鸭农养鸭，每天喂饲料的时候，就拿出一个盘子，在召集鸭子时就敲响盘子，听到敲盘子的声音，上百的鸭子就会飞奔至鸭农前，等候他抛出食物。鸭子自幼就将敲盘子声等同于有食物，并把它当成开始进食的“金科玉律”。

可笑的是有一天，鸭农的好友突然到访，鸭农没有准备食物，只好拿出空盘子敲。所有听到敲盘子声的鸭子争先恐后地飞跑至鸭农跟前。这次，最强壮、跑得最快的鸭子被鸭农擒住，最后变成桌上的佳肴，从此消失。

世事常变，以前有价值的东西，现已有所改变，或被淘汰。马云说：“世界一直变，没有人会原地等你。打火机出现，火柴消失。计算器出现，算盘消失。CD 出现，录音机消失。数码相机出现，胶卷底片市场没了。消费者直购出现，传统市场生意萎缩。智能手机出现，4G 出现，回家不用电脑了。微信出现，短信没人发了。”

新手社工主管们应以“鸭子文化”为鉴，时刻警醒，时时学习、处处学习、事事学习，紧贴行业及社会改变的脉搏，不要“看不到、看不起、看不懂”。

机构表现的好坏，与机构组织文化有很大的关系。文化是很虚的东西，但一家成功的社工机构，最后成就它的一定是它的机构文化。

小结

“愿景”这个名词最受人诟病的一点就是空泛，距离第一线员工很远，因为对他们来说，眼前只有一成不变的刻板式工作，难与机构远大的目标结合。

我们在组织里常见的一个问题是，领导人会把愿景说给他身边亲近的同事听，但他却没有办法把这个愿景贯彻到一线员工的行动中。所以我们才会看到求助的案主在接待处会遇到爱理不理的前台员工；在高档的百货公司里面遇到粗鲁无礼、恶声恶气的店员，或者是我们打电话给标榜便利快捷的公司，却被它们的服务员晾在线上十几分钟至二十分钟，这些一线员工，好像不晓得机构的使命是什么，愿景是什么。出现这些情况，一方面有可能是主管没有对他们耳提面命，或是主管对他们嚷的声音不够大，次数不够多，所以他们没有办法印象深刻，因而没有贯彻。另一方面亦有可能是主管给他们的待遇不够，他们不想做这样的事情。所以，中心主任在制定愿景、目标的时候，要肩负起传播者的角色，让机构每个员工都走在通往愿景的同一条道路上。

操练三

谦逊的仆人式领导

欲站人前，先居人后。

仆人式领导人的特质：谦逊、真诚、付出关心、不虚伪、不自大，有胸襟。

仆人式领导　照顾并装备好你的下属

初为主管，还未站稳脚步，亦未得到下属的认同、接受及支持，应保持谦卑、真诚、不自大，是为上策。仆人式领导法则在这个阶段十分适用。

笔者曾听过一个小故事：

一名主妇清晨发现邻居下楼时把她家门前的垃圾拿到楼下，她非常感动，于是，从第二天开始，她也帮助邻居倒垃圾。第三天，她的邻居竟然帮助她除草。渐渐地，这个社区出现了越来越多的热心人。他们不收取任何报酬，却让越来越多的人自愿自觉地作出改变，为他人付出。他们在服务他人的过程中，也无偿地获得了他人的追随和服务，那么，他们是在服务他人，还是在领导他人呢？

美国著名管理学家罗伯特·K. 格林里夫（Robert K.

Greenleaf）说“好领袖首先是好仆人”，并提出了仆人领导（Servant Leadership）的理论。其核心思想非常亲切和朴素，十分适合应用在新手社工主管身上。在要求社工落实你布置的任务之前，新手社工主管应该先要问自己一个问题：“自己能为下属做什么？”

的确，你能为你管理的社工做些什么呢？

“仆人式领导”强调以身作则、无私的领导。在机构里，具有仆人式领导视角的主管会由衷地关心员工的福利，因为员工福利与机构成效息息相关。当员工感受到机构的关心和尊重后，他们才会愿意为机构工作，尽心尽力为居民服务。新手社工主管应注重人际关系的和谐，与身边的人保持良好关系，做事才能事半功倍。儒家常说的“做事就是做人”，其实也是这个道理。“做人”不好，工作上的事情也很难做得好。

仆人式领导是一种存在于实践中的无私的领导。此类领导者以身作则，乐意成为仆人，以“服侍员工”来领导员工；其领导的目的是让员工有更好的工作状态开展服务。“仆人式领导”鼓励合作、信任、聆听以及权力的合理应用等。也就是说，要做一名出色的社工主管，首先是要有仆人心态，怀有服务为先的情怀，要放下身段，用服务与热忱来鼓舞下属，循序渐进地赢得他们的信任及尊重，从而确立自己的领导地位。

如果能像仆人一样全心全意地伺候“被领导的人”（在社工单位是员工，在家是配偶及子女），关心他们的需要，解决他们的问题，尽力满足他们的需求，就像范仲淹所言“先天下之忧而忧，后天下之乐而乐”。这种仆人式的领导是最有效率的领导，因为下属在感激之余，亦会尊重及服从你的领导，因此建立起自己的威信。

笔者在广州督导时，遇见一位家庭综合服务中心的主管，她在分享自己的管理哲学时说，她会优先处理同工的咨询，花很多时间服务下属，协助解决他们的工作难题，宁愿在别人下班后再处理自己案头上的工作；她懂得为人着想，奉献甚至牺牲业余时间。这是“仆人式领导”思想的体现，她因此被公认为一位好领导。2015 年，她管理的机构被评为广州最好的家庭综合服务中心之一。

有人反对“仆人式领导”，说：“主管本来就应该掌握大权，表现强势，在必要时还能惩罚下属；我实在受不了温情洋溢、谦卑有礼的把戏!”但亦有人反对说：“我希望主管能真心地关心员工，不要老是骄傲自大，以自我为中心。过度自我是一个管理障碍，会影响与上司及下属的关系，自以为是又目中无人的主管是大家讨厌的。目中无人的态度令员工抗拒，因为根本没有人是全能的，什么都懂。谦卑并不是要我们自我贬抑，而是要我们自觉地放下自我。”①

高 EQ（Emotional Quotient，EQ，简称情商）的领导不会“目中无人”，不会一切以自我为中心，不会对别人的感受麻木不仁。他知道员工的重要性，明白一个成功的领导必须依靠优秀的团队。他懂得怎样使别人乐于与他合作，使他团队里的每一个人都感到愉快舒畅。高 EQ 又关心下属的领导，会得到人们喜爱。

① ［美］James C. Hunter：《仆人：修道院领导启示录》（张沛文译），台北·商周出版社，2010 年版，第 142 页。

“仆人式领导”的特质

“仆人式领导”的十大素养

那么，“仆人式领导”究竟要怎么样才能做到呢？“仆人式领导”需要具有的十大素养分别是：

- 倾听（Listening），能够主动、真诚地倾听员工的声音；
- 同情（Empathy），理解他人，接受和认可团队成员的独特性；
- 治愈（Healing），治愈自己及他人的创伤，社工在这方面有足够训练，应该没问题；
- 觉察（Awareness），有高觉察能力，能深刻地自我觉察，对自己的信念、价值观等有清晰的认识，能全面、系统地看待问题；
- 劝导（Persuasion），能主要依靠劝导而不是职位权力进行决策，能在工作团队中有效地达成共识；
- 构想（Conceptualization）共同愿景，敢于梦想，能够跳出日常事务，从较长远的角度看待问题；
- 有远见（Foresight）及系统思考，善于总结经验，把握现在，能够预见当前的决策对未来的影响；
- 管家（Stewardship），能够像管家一样忠实地为上级管理各种事务，为了他人的需要竭诚服务；
- 对员工的成长有担当（Commitment To The Growth Of People），对每一名员工的成长怀有发自内心的担当，能够认识到自己对员工成长所肩负的重大责任；
- 建立社群（Building Community），致力建构机构内良好的人际关系①。

仆人式领导模式

仆人式领导模式有以下3种：

• 先人后己（Service Before Self）：仆人式领导将服务他人置于自己的利益之上，能够为坚持原则而放弃个人名利、地位等；

• 把倾听作为肯定他人的手段（Listening As A Means Of Affirmation）：仆人式领导能够虚心向他人请教，善于促进他人参与决策，增进他人的信心和自我效能感；通过倾听来肯定他人；

• 创造信任（Creating Trust）：仆人式领导具有令人信任的品质，通过展现这样的品质，能够创造和激发下属的信任；与下属分享信息，以确保任何决策都尽量能照顾到团队的福祉。

仆人式领导的胸襟

到底怎么样的人才算具有仆人式领导的胸襟呢？真正具有仆人式领导胸襟的人应具备以下5项特质：

• 将下属至于优先位置，内化“欲站人前，先居人后”的哲学；

• 具有服务他人的自信；

• 主动提供服务给他人；

---

① ［美］罗伯特·K. 格林里夫：《仆人式领导学》（胡愈宁、周慧贞译），台北·启示出版社，2018年版。

• 不计较职位的尊卑，一视同仁；
• 本着爱心服务他人。

每名社工主管应有上述特质，因为这也是社工专业要求的素养。

仆人式领导运用的关爱元素

仆人式领导重视“关爱”的各个元素，而这些元素正是我们需要运用到管理团队中的，这些元素包括：

忍耐	面对逆境展现出自制能力
恩慈	对人关心、激励及赞赏
谦虚	真诚，不自大，不吹嘘
尊重	待人如上宾
无私	满足别人的需求，甚于满足自己的需求
宽恕	别人做错不怨恨，不过于责备
诚实	不欺瞒，透明度高
守信	坚持所作选择，信守承诺
牺牲奉献	把自己所欲和所需放在一边，优先处理及满足别人的需求①

新手社工主管们如果真能把上表里面列出的事都学会并做到，吸收了管理人应有的素质，不敢说你必然能成为高效的领导，但你身心平衡愉快，受到同事的爱戴大概是可以保证的。

我们可用下图解释一下关爱元素带来的效应：

① James C. Hunter：《仆人：修道院领导启示》（张沛文译），台湾·商周出版社，2010 年版，第 157 页。

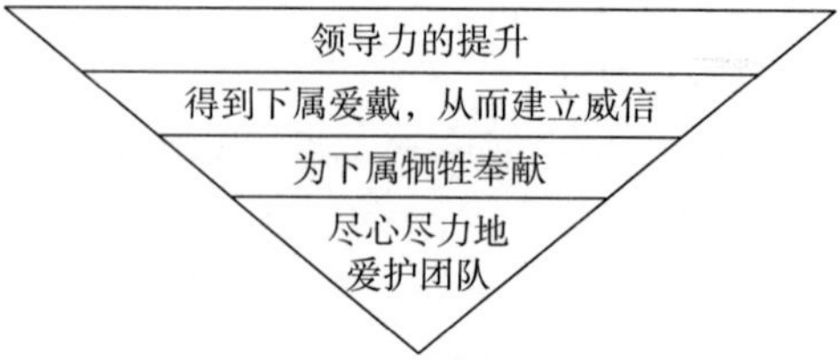

毋庸置疑，领导力是建立在威信之上，而威信则是建立在你为团队做事、牺牲和奉献之上。所谓“牺牲奉献”是找出并且满足团队成员的基本要求。道理非常简单，当你为我做事和奉献，我也为你做事和奉献；你肯为我赴汤蹈火，我当然也会为你赴汤蹈火。当我们受人恩惠后，我们怎么能不懂得感恩呢？

当然，仆人式领导有自己独特的优势，也有一定局限。它的局限包括：

- 它不是速效药，不能看到立竿见影的效果。
- 易被视作“软弱”，听得太多、同理心有余可能会导致优柔寡断、缺少主见。

小结

仆人式领导是一种长期的工作、生活发展变革之道，它能够激发工作团队内部的积极正向的变化，亦重视上下协作。

各位新手社工主管，期望你们能通过操练三，认识仆人式领导理论，并把其独特的视角和方法运用在自己的团队带领上，用你对团队成员的关爱、奉献，建立一支互相信任、共同前进的团队。

操练四

重视社区关系，做好形象管理

重视社区关系，多与社区接触，做好形象管理，强化外界对机构的印象，工作将会事半而功倍。

“关公”VS公关

没有了社区，就没有社会工作。笔者经常提示员工要主动与社区建立良好关系，对部分社区机构如派出所、街道办事处、学校等，要多与它们接触沟通，并建立策略性的伙伴联盟。那么在推展服务时就有外在的推动力，达到事半功倍的效果。

很多服务单位默默耕耘，却鲜与社区其他机构交往，容易陷入自我封闭的陷阱。因此，服务机构主管层必须时刻关注如何与社区保持联系，并且有策略地为机构争取社区的关注，让机构能融入社区。

社区是指服务机构所处的区域，社区关系是指一家服务机构与所在地的政府、其他的社团组织以及全体居民之间的睦邻关系。公关（公共关系）与“关公”（关注地区公共事务）是服务机构存在的自然根基，也是机构发展的社会根基。

提高居民对机构服务的“察觉”

机构的公共关系是指通过有系统、有计划、长期性的双向沟通活动，结合社区内外公众利益与意见，以获取社区内外公众对机构的支持，共同为增进居民福祉，达到助人自助的目标而努力。因此机构的公共关系目的应为：

第一，增进彼此了解，建立和谐关系：在积极方面，机构应了解社区公众对机构的期望与需要，并作出适当响应。此外，机构应让社区了解当今的社会福利发展趋势、服务计划、目标与政策，以取得共识，实现机构与社区的共同目标。在消极方面，则可以澄清公众对机构的误会和疑虑。

第二，争取公众支持，完成社区服务的目标：通过各种互动途径，机构应让社区大众了解机构的计划与成效，了解机构对社区的重要贡献，增加公众对机构的信心、支持与协助，帮助机构完成服务计划、目标与政策。

除以中心为基地的中心为本服务外，机构可考虑走出中心，在社区内定期开展活动，例如举行嘉年华、摊位游戏、社区教育等活动，推展服务，与社区保持接触，增加机构宣传，建立良好的社区关系。

举例来说，在义务教育政策的支持下，几乎所有 3—24 岁的儿童及青少年都集中在幼儿园、小学、中学及大专院校接受教育。如果一些青年地带、家庭综合服务中心等能与辖区内学校建立长久的合作关系，那么机构的青少年服务、义工招募、伤健共融等社区教育工作就容易推行了。机构不用到处寻找及招募儿童和年轻服务使用者，因为辖区学校已有足够的服务目标人群。因此，服务机构主管不能认识不到处理好社区关系的意义——这包括：

首先，影响机构的生存。社区是服务机构扎根的土壤，如社区人士不知道机构的存在，又或机构没有搞好社区关系，服务机构就会失去存在的意义及立足的空间。社区内的居民是由特定的活动空间所确定的，制约性、区域性和空间性很强。地方性的活动及服务是直接受到社区制约的。此外，机构的社区关系影响着它的生存，因为它直接影响着服务单位其他方面的关系，如与服务使用者的关系、与地方政府和媒介的关系等。

其次，增加机构的有形及无形资源。对外沟通及联系，建立良好的人际网络，借此引入社区资源及支持（如企业的支持、大专院校志愿者的协助、优质基金的赞助等）。

最后，影响机构的公众形象。根据欧文·戈夫曼（Erving Goffman）的“印象管理”概念，服务机构倾向以一种与当前的社会情境或人际背景相吻合的形象来展示机构的服务，以确保服务对象对机构作出正面评价，留下良好的印象。社区内的居民对服务机构的某种评价和看法，是会相互传播的，会带来区域性的影响，从而形成一种公众形象。毋庸置疑，服务机构的社区关系好与坏，直接影响着服务机构的社会公众形象的好与坏。一家机构如果未能建立良好的社区关系，就很难保证在社区上获得良好的声誉及认受性。

机构要与社区建立和谐、共融的关系，不是单靠口号或迈出机构门口就可以做到的，要营造和提升公共关系，机构应仔细规划实施步骤，作为实际运作的参照。有关机构公共关系运作的步骤，包括研究、计划、传播、评估四项（Daresh，1997）。详而言之，在研究阶段，服务机构可利用各种正式与非正式的调查方式，进行舆论或意见的搜集研究，以了解社区内外公众的需求及对服务机构的看法；在计划阶段，则可依据前述调查研究结果，为设计各项公共关系方案提供参考；在传播阶段，则将各公共关系方案通过文字与非文字、平面与立体媒体、活动等方式加以传播；最后可于方案实施后，进行结果的评估与校正。必须留意的是下图的 3 个步骤：

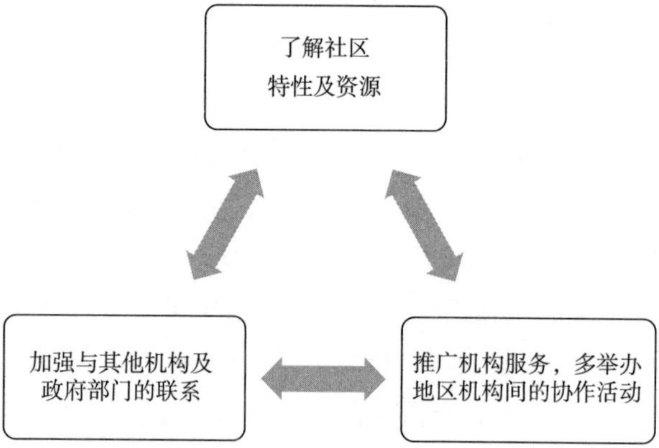

此 3 个步骤必须持续进行，以便及时掌握社区情境的转变。

机构的社区经营

从下图可看到服务机构的运作过程与成效，很大程度会受内部和外部环境的影响。如机构内部社工不能感受到来自外部环境的压力，那就使机构落后于时代的发展。

服务机构新手社工主管应适时引进外在动力（如服务使用者的意见）来提升服务机构员工的自觉，了解居民之需要，改善服务质量。

服务机构与社区的关系是动态的，会随着政策、事务、时

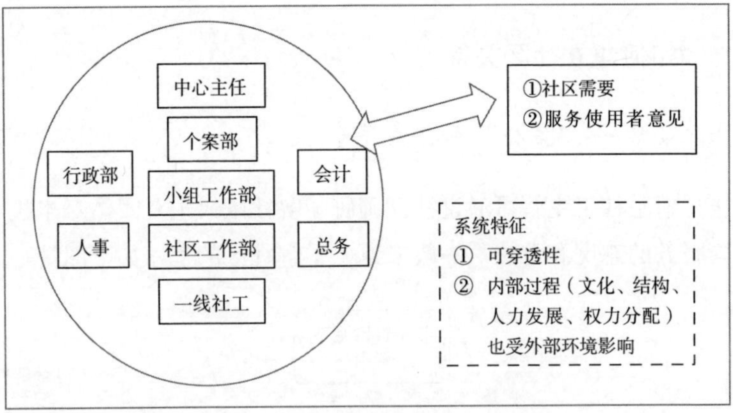

服务机构系统图

间、地点等不同而有所不同。机构新手社工主管、行政人员、社工与服务使用者的态度，也影响社区关系的进展。

服务机构公共关系的建立主要决定于：

- 服务使用者是否知道机构的存在及其服务内容；
- 社区内家庭的参与及使用服务的积极程度；
- 参与社区内其他机构的活动是否主动积极。

家庭是社区组成的最小单位，几乎所有社区内的居民，都关心其家庭成员特别是小孩的生活，希望社区内服务机构能为他们的子女提供适切的服务，使他们能与父母建立亲密的关系，能健康、正向地成长。他们需要知道服务机构的活动信息，因此，机构需定期与社区居民沟通，并提供优质服务。

如何建立社区关系

策略一："关公"和公关并重

新手社工主管可通过社区调研了解社区人士及团体对本机构服务的态度和看法。一般来说，了解社区的程序如下图：

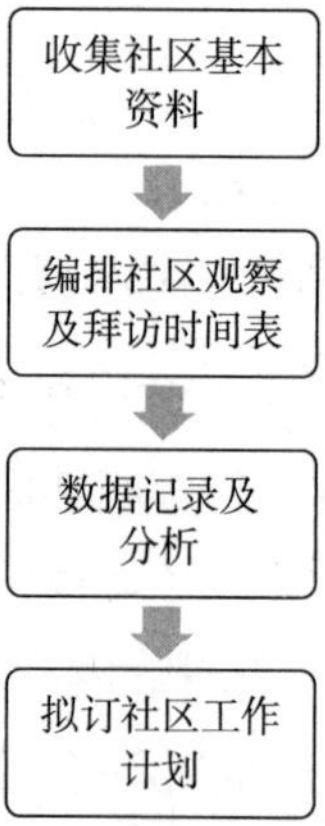

专责社区关系的社工在直接接触社区前，先要"关公"，并要收集社区基本资料，如社区环境、交通路线、居住房屋分布、人口结构等。然后再编排社区走访地点、时间，拟定社区观察记录表、机构拜访名单，预约拜会时间，拟定访谈内容。社区观察重点包括：社区规划（道路、交通系统、公共空间、环境特性、绿化程度、楼宇外观、公共设施等）、社区人口（年龄结构、收入、文化程度、分布、社区参与程度等）、社区传统（风俗、禁忌等）、讯息传播（海报张贴区、单张放置区、免费报纸等）。

"关公"最关键一点是，服务机构必须了解及关心社区需求，积极参与社区建设和提供合适的服务，以赢得社区的认同，使居民觉得可以从机构的服务得益，从而获得大部分居民的接纳。

机构必须多与社区居民接触，接触形式可包括家访、街头闲聊、街头展览、设立宣传摊位、参与社区居民大会、争取机会到其他单位和组织介绍机构的服务等，以增加机构的认受性和出镜率。

策略二：善用媒体推广机构形象，有利于建立良好的公共关系

网络的发展使很多公共关系的概念和行为发生了改变。

网络世界的各种社交媒体是机构建立品牌的重要平台。以前，机构向外宣传、推广服务没有如今这么方便。如今有了网上宣传平台，机构的服务可以在网络上实时发布，机构对外宣传的服务讯息可以同时面向广大受众，发布成本低，覆盖面广。以这个广阔的讯息互动为基础，无疑能为机构打开一条宣传自己的服务、建立良好的公共关系的途径。

通过宣传，强化外界对机构的印象，可得到社区内更多潜在服务使用者的“察觉”，这对建立良好的公共关系肯定有帮助。

策略三：联系社区团体、街道办事处及其他政府部门

新手社工主管们，你们必须了解社区内的团体及政府部门的职能，它们的服务类型、互动情况、业务范围、居民的信任程度、在辖区的影响力、与居民的关系等。如何了解？我们可以从下述三个方面着手：

一是留意它们的海报、横幅、网络宣传平台以及其他宣传物的内容，从而了解它们的主要服务。

二是主动拜访，让对方也可以了解你们机构的基本资料及服务，在探访时也可以认识对方的负责人，通过对方的负责人，了解它们对社区需求的看法、它们与其他团体的关系、服务取向等。这均有利于日后工作关系的建立。

三是首次拜访时，目标可设定在建立与团体及机构负责人的初步关系，并寻找定期接触的机会，或探讨日后合作空间。

策略四：争取机会多举办社区协作活动，承担社区责任和义务

完成了上述3个策略后，服务机构新手社工主管接着就是策划如何与目标团体建立长远及稳定的合作关系。新手社工主管如要积极主动策划，可从下述两方面入手。

（1）争取参与社区的活动

社区一般都有一些机构之间的协作活动，新手社工主管须先了解这类协作活动的性质、举办时间等信息，选取合适的项目或活动参与，并在机构年度计划中预留参与时间。参与社区活动可使机构在社区建立一定知名度和认受性，有利于社区关系的建立，并通过共同合作开展活动的过程，与其他社区团体的工作人员互相认识，为未来合作奠定基础。参与协作活动有利于树立机构的社区形象，使机构正面形象向外部辐射。

（2）建立本身的社区常规性活动

除积极参与社区协作活动外，服务机构必须采取主动，建立本身的常规性社区活动。机构举办的一次性社区活动只能短暂与居民接触，要建立稳定的社区支持网络，必须以定期活动

作为维系方法，形成常规的“约会”。持续定期举办活动有助加深社区居民对机构的认识，让居民对机构有较深刻的印象，从而建立机构的鲜明形象。

机构也可以选择一些特色的活动，将之扩大并常规化，使之成为每年的社区盛事，借此增强社区人士对机构服务的认识。机构需要为社区居民多作贡献，持续组织合适的社区活动，以便能够接触及锁定目标社区人群，传达特定的讯息，经过一定时间后，也可邀请其他社区团体合作举办此类活动。

小结

新手社工主管们，我们需要重视和谐的人际关系，注重自己形象并与身边及社区居民保持良好关系，要将社区关系作为机构发展的一个重要组成部分。有好的社区关系，机构才有开展服务的空间，得到机构外在资源的正向支持，为机构增加社会资本，所以新手社工主管必须认真执行这项操练。我们要利用机构的良好社区关系和知名度，去赢取服务使用者的信任，为机构服务带来长期而稳定的支持。

操练五

提升执行力，从个人到团队

以提升自身和每个员工的个人执行力为基础，凝聚团队的整体执行力，“5W2H1I”和“情境领导”是管理者用人治事的常用方法。

能被任命管理岗位的社工主管，大部分都在一线岗位中展现出良好的实务技能和清晰的工作思路，对服务和工作都有个人的想法和追求。在一线服务岗位的时候，做好自我管理即能有良好表现，基本是自己设计自己执行。但到了管理岗位，很多工作任务是自己设计交给下属社工去执行，甚至有些工作由一线社工自己去设计和执行，最终的结果和效果是否能符合主管的期待，存在比较多的不确定因素。

在赖利·包熙迪先生和瑞姆·夏蓝先生合著的《执行力》一书中，执行力被描述为“目标和结果之间‘不可缺失的一环’”[①]。缺乏执行力，就无法达到预期的结果。企业或机构的执行力可分为三个层面：机构、部门和个人。管理者把控团队和员工的工作表现和结果，就是从员工个人层面执行力推及团

① ［美］赖利·包熙迪、瑞姆·夏蓝:《执行力》（李明译），台北·天下文化出版公司，2003 年版。

队层面执行力的过程。

执行力是目标和结果之间“不可缺失的一环”

Philip Su 先生从大学实习就开始在微软工作，他从软件工程师开始，最后成为管理超过 150 人的主群经理，经历了从技术岗位到管理岗位的成长和转型。在微软工作的第 12 个年头，他辞职转到脸书工作。在微软的最后一个工作日，他发表了被多次转载的微软工作生涯心得随笔。在随笔的最后一段，他说：“带领和管理的艺术是让人们想去做你认为必须要做的事情……所有发生的一切都是从个人开始的。”这句话道出了管理者在推进工作的过程中所扮演的重要角色：有效地推动员工达成设定的工作任务和目标。

姜汝祥博士在《锡恩 4R 执行力系统》[①] 一书中，介绍了提高执行力的系统方法，包括在执行前定义结果、明确任务和一对一责任、执行中的节点反馈以及执行后实时激励。

---

① 姜汝祥：《锡恩 4R 执行力系统》，北京·印刷工业出版社，2007 年版。

执行前：定义结果、明确任务、一对一责任

拿复印纸的困惑

老板叫员工丁丁去拿复印纸。丁丁就去了，拿了三张复印纸回来。老板大叫：三张复印纸，怎么够，我要一摞。

丁丁接着去拿了一摞复印纸回来。老板一看，又叫：你怎么拿了A4的，我要的是A3的。

过了好长的时间，丁丁拿了A3大小的复印纸回来。

老板怒了：怎么用了这么长的时间？

丁丁回答：你又没有说什么时候要。

一个拿复印纸的小事，员工跑了三趟，老板气了三次。

老板摇头叹道，员工执行力太差了！员工心里说，老板能力差，连个任务都交代不清楚，只会支使下属白忙活！

社工主管作为所属团队工作的总策划者，应该在项目或者年度工作的起始阶段，让自己和参与的员工对最终结果有一个大致的了解。例如，员工需要知道目标是什么、他和团队要完成什么、要达到什么结果和成效。

5W2H1I 原则

5W2H1I 原则[①]是一个做精确沟通的常用方法。

5W	简称	内容
1. Who	何人	人员、生产主体、由谁来完成、谁负责
2. When	何时	在什么时候发生、什么时间完成、什么时机最适宜
3. What	何事	是什么东西/事、目的是什么、做什么工作
4. Where	何地	地点、在什么空间、从哪里入手
5. Why	何故	原因、为何如此、为何要这么做、理由何在
2H	简称	内容
1. How	何法	怎么做、如何实施、如何提高效率
2. How Much	多少	多大变化、多少预算、多少资源、多大比例
1I	简称	内容
1. If	假如	预估风险和突发情况、提前设计预备方案

史蒂芬·科维先生鼓励职场人养成“以终为始”的习惯，在工作的起始阶段就要先描述清楚希望得到怎样的结果，能提高目标结果的达标率。这一习惯在科维先生《高效能人士的七个习惯》一书中位列第二，可见它的重要性。

Philip Su 先生在他的心得随笔中也分享了三个控制结果的方法：

- 控制“人”：主管有权决定把什么人放在什么位置和交代什么任务。
- 控制“行为”：告诉员工该怎么做。

① IDKW 图解中心：《图解 500 强管理工具》，北京·化学工业出版社，2015 年版。

• 控制“结果”：告诉员工需要什么样的结果，以及对应的度量标准。

一对一责任，就是把达到结果的过程步骤以及对应的工作方法进行分解，每一段的责任落实到具体人员。管理者需要把一项大的任务按推进的时间进度拆分成以季度、月份甚至周和日的小任务，并且分配给不同的员工，由他们分工合作，达到大目标。

在个人层面，执行力就是行动力和办事能力，就是员工在个人职责范围内按时、按质、按量地完成工作的能力。主管要在实践中提升自己的管理智慧，懂得在合适的时候选择合适的控制方法。

小当和小丁的工作交接

仁爱社工的小当要调职到其他项目，小丁接手小当的工作。

工作交接清单的其中一项是“寄出信件和物品给小张”。小丁通过微信询问小当具体操作，小当回复说要“尽快寄出信件和物品”。因为小当没有说明具体的时间，小丁认为3天内寄出都算是“尽快”。这天刚好是周五，刚接手新工作的小丁感觉这天的工作事务已经安排得够满了，所以将寄出物品的事推迟到下周一。小当认为回复小丁的询问就足够了，也没有跟进执行的情况。

后来物品寄到收件地址之后，小丁才知道收件人小张已经在周一离开，到外地上学去了。

在上面的案例中，假如小当当时告诉小丁应该寄出物品的具体期限，并且说明收件人在3天后会离开，就可以避免这次失误。

传达沟通的形式

值得一提的是，传递信息的形式也是影响传达效果的重要因素。重要信息和任务的传递，最好通过电邮文字的形式，方便消化理解和存档记录。假如信息量比较多，或者任务比较复杂，可以用面谈或者视频会议结合文字说明的方式来处理。

在执行过程中，遇到变动和疑问，双方一定要及时沟通。电话沟通是最直接和迅速的方式，但可能会打搅对方，非紧急情况建议使用电子邮件。即时通信工具（微信或者QQ）的录音功能比较方便通过语音沟通，弊端是接收者在工作忙碌的时候，容易听完之后忘记回复或者跟进执行，事后也不容易查找对应的音频信息。

因此，主管在与团队成员沟通的时候，需要留意选择合适的方式，以确保团队成员对信息的有效接收和理解。

执行中：节点反馈，及时支持和引导

节点反馈，就是定期检查和跟踪工作进度，对工作情况作阶段性的反馈和调整。定期跟进的方式有定期会面口头交流、定期书面简报交流等很多种。但无论哪种形式，主管都需要就跟进方式、频率和内容与员工事先做好约定和说明。

在执行“定期跟进”的过程中，有两个方面要留意：

第一，让员工明白，定期检查的主要目的不是找员工差错、打击员工，而是为了更及时、到位地支持他们的工作，提高整体执行力。假如员工一开始就误解了“定期跟进”背后的良好动机，他们很可能就不会配合对应的工作，进而影响后续的推动落实。

第二，跟进的频率和形式要综合考虑现实工作的情况，不能因太频繁、烦琐而造成额外的工作负担，也不能间隔时间太长、交流内容太浅起不到应有的监督效果。跟进频率依据项目和任务的重要与复杂程度，一般以两周或者一个月为一个节点。对于检查的内容，可以列出每次都需要常规关注的若干方面和这次需要跟进的特别事项，这样既可以顾全整体，也可以灵活加入特别事项。

对应一个具体工作任务的质和量，相关的阶段性检查结果不外乎两种：足够好或者不够好。无论属于何种情况，主管都应该反馈给员工；上级的反馈是员工下一阶段工作的重要参考。当员工知道自己的阶段性工作做得足够好，对下一阶段工作的自信和动力都会提升，也更有机会产生新的创意。当员工的阶段性工作表现不尽如人意的时候，主管也需要具体告诉他哪些方面需要改进，共同探讨不够好的原因和改善方案。

情境领导

《组织行为学》一书中提出的情境领导（Situational Leadership）模型[1]，被誉为21世纪最重大的领导理论之一。情境领导模型倡导管理人员扮演良师和教练的角色，随着员工的发展和状态调整使用不同的领导行为。

情境领导模型按照能力和态度两个维度，把员工分成4种

---

① ［美］谢默霍恩、亨特、奥斯本：《组织行为学》（刘丽娟等译），北京·清华大学出版社，2005年版。

不同的状态；管理者对应不同状态的员工使用不同的领导风格。这个模型的好处是，避免把员工定型，也为管理者提供灵活的选择，以合适的方法领导不同状态的员工。

不同的员工在人生和职业生涯的不同阶段，会有不同的心态和特点。在定期工作跟进中遇到员工表现不理想，主管要留意找出背后的原因，是能力的问题还是态度的问题？有性格原因吗？是员工个人或者家庭在经历变故而影响工作？找到原因，对症下药、因材施教才能达到理想的结果。

陈春花教授在情境领导模型的基础上，发展出了不同员工任务成熟度和对应领导风格的模型[①]。如下图：

4 种员工任务成熟度	对应的 4 种领导风格
a. 有心有力的员工	a. 授权型 领导风格
b. 有心无力的员工	b. 参与型 领导风格
c. 无心有力的员工	c. 推销型 领导风格
d. 无心无力的员工	d. 吩咐型 领导风格

① 陈春花：《管理的常识：让管理发挥绩效的 8 个基本概念》，北京·机械工业出版社，2016 年版。

（1）有心有力的员工——使用授权型的领导风格

对工作能力高、工作态度良好的员工，主管只需要在布置任务的时候讲明基本的目标和要求，商定一个合理的跟踪检查周期，就可以放手由员工自己执行，对于他的工作方法和方式不需要操心。

（2）有心无力的员工——使用参与型的领导风格

有心无力的员工有良好的工作热情和态度，但实务能力较弱；新入职的社工大部分属于这一类型。这时候，主管需要对新手社工投入比资深社工更多的精力去参与他们的工作，给他们实际的指导和支持，帮助他们提升实务能力。

对于新手社工不熟悉的工作，主管可以考虑和他商定：第一次安排主管或者其他资深社工示范，让新手社工观摩后了解操作的要点；然后由新手社工自己操作，主管或者其他资深社工给予指导。通过“看—学—做—反馈”，帮助“有心无力”的社工成长为“有心有力”的骨干。

（3）无心有力的社工——使用推销型的领导风格

无心有力的社工通常在行业和机构工作了一段时间，积累了一些专业基础和经验，但可能对于行业或者机构的认同度下降，相应地工作热情也日渐消减。此时，主管在推动工作的同时应该留意增加与他分享项目服务理念、机构战略、社工信念、晋升发展、行业机遇等信息，重燃同工心中的火。除了主管的分享，适当邀请督导分享或者让他外出参与行业较高层次的培训和研讨会，为其工作注入新的激情。

“推销”一词听起来商业味比较浓，但在增加员工对团队、机构和行业的认同感这一方面，与销售代表争取客户对产品和品牌的认识进而建立信任是相通的。争取留住员工的心，是众多行业基层管理人员的重要职能之一，这是一个不得忽视的现实。

(4) 无心无力的员工——使用吩咐型的领导风格

无心无力的员工最让管理者揪心，但基本在任何企业和机构里都有这样的员工。无论是工作比较久、知识技能已经老化，还是刚入职的新手，都有可能处于这种状态。这时候，主管暂时不需要在意识层面费太多心思尝试激发他们的工作激情，反而应该优先把心力放在编排和整理具体清晰的工作安排上。

难度和重要程度中等或者偏低的具体工作比较适合分配给这类员工，而且需要订立明确的时间和质量要求。需要创造力、深入思考和投入激情的工作暂时不适合这类员工。和上文提到其他两种出现"无心"和"无力"情况的员工一样，给予示范和训练以及分享理念等，都可能推动此类员工成长。

让主管"无奈"的社工

主管杨杨在查阅文书的时候，发现社工小丁设计的小组内容与小组的主题不是很对应，于是约谈小丁。小丁入职刚满半年，工作认真，但小组工作的实操经验不多。

先了解小丁设计该小组的目的和计划实施的内容，明白小丁的想法之后，杨杨向小丁指出设计方案不合理的地方，希望小丁能够明白该方案会出现的风险和后果。小丁尝试向杨杨解释自己设计的出发点和期待，同时也表示同意修改设计方案。

第二天小丁将改过的文书再发给主管，杨杨看到小丁都按自己的意见修改了，但杨杨心里其实不满意，认为小丁只是被动接受了意见，并没有真正透彻理解背后的原因。

在小组工作的任务里，小丁属于“有心无力”类型的，主管给予具体的指导和建议对她的成长有帮助。尽管面谈之后文书已经有所改善，但主管还是不满意，原因在于主管忽略了实操技能的掌握需要在实践中提升，单靠一次口头指导就希望新手社工能一步到位地融会贯通，这有点操之过急。

执行后：给予反馈，实时激励

无论是阶段性检视还是工作任务终结时的评估考核，对于检查后反映出来的阶段性成绩和失误，都需要及时予以反馈。

奖惩是反馈的形式。激励可以分为正向和负向，形式不限于金钱和物质，可以有私下口头赞赏、通报表扬、发感谢信/鼓励信、赠送相关书籍、给予机会尝试新任务、提高权限、奖励额外的假期或者外出学习的机会等，这些都可以起到正向激励的作用。对于表现欠佳的员工，可以使用口头提醒、严肃批评、发劝勉信、减少或者限制某些非关键职权等方式实施反向的激励[①]。

制度方案的修订

项目 A 最近有越来越多的外部合作机会，相应需要处理的补贴分配也越来越多，两年前制定的补贴制度需要更新。王主任将更新补贴制度的任务交给社工主管杨杨。

王主任口头向杨杨提供了一些建议，例如取消哪些规定、哪些地方要制定新的规定。杨杨有两年半的工作经

① 陈春花:《管理的常识：让管理发挥绩效的 8 个基本概念》，北京·机械工业出版社，2016 年版。

验，尽管没有起草和修改制度的经验，但还是很用心地努力去尝试修改。

杨杨用了大半天的时间修改完补贴制度，然后发电邮交给王主任，并且主动询问是否有需要修改的地方。王主任回应说，他会自行修改。

对于王主任的回应，杨杨觉得很沮丧。杨杨带着学习的心态，希望王主任能反馈修改意见，但王主任没有给予任何点评，而且说他自己修改。杨杨将王主任的这些行为理解为是主任对自己工作的否定，认为自己没有能力修改完善，也没有权利再过问这项工作。

项目 B 也出现了与项目 A 相似的情况，需要修订补贴制度。李主任安排新手社工主管小当修订补贴制度。小当的方案修改得不是很理想，但李主任还是想给小当一些鼓励。李主任先询问小当用了多长时间修改，当得知用了大半天时间之后，李主任肯定了小当勇于尝试和认真的态度："我知道这个任务对你来说是陌生的，但你还是接受挑战，而且尽力完成。我很欣赏这种工作态度。"接下来李主任对应着小当的方案，给他逐一说明需要修改的地方。

李主任还给了小当一个小结评分：80 分。方案本身评分是 75 分，另加 5 分是态度加分。小当本来也自知修改得不好，75 分的评分可以接受。工作态度得到加分，小当很受鼓励。李主任还帮小当梳理了日后接到不熟悉的任务的时候，除了自己摸索，还有如何找参考资源的其他方法。结束谈话前，李主任还勉励小当，相信他下次可以取得 85 分。

反馈和激励是员工提升和成长的养分，反馈得多，收获也大，这对员工、主管和团队也都是收获。

更多关于赞赏和反馈的内容，新手社工主管可以参考“知人善用”“一分钟训勉”和“情理兼备的沟通法则”等操练。

反馈和激励是员工提升和成长的养分

携手督导，共同推进

目前内地社工机构还比较多地采用外部督导的方式为社工提供指导和支持。新手社工主管除了要善用自己的督导资源，还应该懂得与团队成员的督导保持良好的沟通与合作。

外部督导一般对团队整体执行策略、人员动态以及社工的日常工作表现不够了解，新手社工主管应该主动和外部督导沟通近期的相关信息，以便督导能更全面地掌握相应的情况，更有针对性地提供专业支持和指导。新手社工主管也可以主动询问督导与同工分享了的知识、经验和建议，在日常工作中留意推动同工应用督导的建议。新手社工主管将同工的应用情况反馈给督导，这对于督导工作也是一种支持和推动。

如此，也是将督导资源纳入提升团队执行力的重要一环。

小结

每个员工的个人工作执行情况都关系到团队的总体执行力水平，主管就像一个中心枢纽的指挥员，懂得分辨员工的状态和能力，把他们放在合适的岗位，分配合适的任务，定期跟进，运用情境领导，配合督导资源，用适合他们特点的激励方式帮助员工保持良好的工作状态。

当新手社工主管投入越来越多的时间去了解和聆听员工，默契就会渐渐形成，这必能将个人的执行力越来越多地转化为团队的执行力。

操练六

知人善用，打造多元梦幻团队

知己知彼，善用团队成员的不同优势，帮助员工扬长避短，海纳百川，打造多元梦幻团队。

社工专业很注重每个人的独特性，也强调要用“优势视角”来看待身边的人。广东有句俗语：“一样米养百样人。”意思是尽管地域或者饮食习惯相同，但每个人的性格特点、喜好、习惯等都会有所不同。同一个工作团队里，不同特长和特质的员工都是团队的资源。在日常管理中，新手社工主管需要了解和尊重不同员工的特质，帮助员工发挥他们的长处。

社会工作的服务项目一般涉及社区、小组、个案等不同层面，社会工作从业者既需要有跟服务对象及合作方的沟通技巧，也需要有筹划大中小型活动的能力，还需要有撰写服务文书、通讯稿等的文字书写能力。一个人同时兼顾这么多不同层面的工作确实不容易。了解不同员工的特长和特点，合理地分配任务和搭配合作，显得尤其重要。

杨杨和阿辉

杨杨在学校品学兼优，一直都担任班干部。谈吐得体、思维清晰的杨杨，毕业后即成功应聘到喜乐社会服务中心，成为一个小项目的主管，和同样是刚毕业入行的阿辉在同一个项目组。

杨杨敢想敢试，做事干练，追求卓越；阿辉刚好相反，节奏比较慢，不拘小节，不像杨杨那样把工作看得很重要，但他还是很愿意跟随杨杨的计划，配合执行。合作了两三个月后，杨杨对阿辉越来越不满意，认为阿辉总是不能达到她期望的程度。

思维敏捷的杨杨很擅长捕捉别人的话语，别人说了前半句，她基本能知道下半句是什么；她也很怕别人啰唆，认为一句话说一遍就足够了。带着这样的认知，杨杨与阿辉沟通工作安排的时候也是只讲一遍，因为她怕讲多了，阿辉会嫌烦。每次杨杨交代任务的时候，阿辉都会认真地点头，不时地回应“嗯”和“知道”，所以杨杨认为阿辉是听懂了，但没有认真执行。

阿辉得不到主管的认可，觉得很委屈。他认为自己已经在很努力地跟着杨杨的步伐，但是杨杨的想法很多，语速也快，很难一次全部消化和记住。而且阿辉认为事情做得差不多就可以了，没法理解杨杨为什么那么执着，要尽善尽美。

很明显，杨杨与阿辉两人的性格完全不同，一起共事时出现步调不一致完全在情理之中。新手社工主管应该了解自己的风格和特点，并且学习辨别和了解不同特点及工作状态的员工，让自己和团队能融洽相处，彼此搭配。

DISC 性格测评和分析

目前有不少应用在组织管理中并且得到广泛认可的心理和性格测评，例如霍兰德、MBTI、DISC 和九型人格等。笔者之所以选取介绍 DISC①，不仅因为它在企业人员发展和管理中的应用与研究比较成熟，也因为四个类型的内容比较容易记忆和掌握，实用性强，而且市面上也有比较多的中文译本可学习和了解。另外，广州和佛山等地区的社工督导培训班会安排讲解 DISC 的内容，DISC 在广东社工行业中知晓度比较高。新手社工主管可以在掌握 DISC 的基础上，再学习和了解其他的性格测评工具。

四种性格倾向，不同的性格特质

DISC 四个字母，是代表四种不同性格特质的英语单词的首字母。DISC 相关的中文译本有许多，本书选用便于记忆且不容易产生歧义的译文。

D——Dominance 力量型

I——Influence 活泼型

S——Steadiness 和平型

C——Compliance 完美型

---

① 段烨：《只用管好 4 种人——DISC 性格分析让你成为高绩效的管理者》，北京大学出版社，2013 年版。

DISC 四种类型的关键特质

性格类型	D 力量型	I 活泼型	S 和平型	C 完美型
关键特质	行动迅速 自信 爱憎分明	活泼开朗 爱说话 不注重细节	喜欢旁观 稳定 和善安静	喜欢思考 严谨 严格自律

（1）分类维度 1　情感倾向

瑞士心理学家荣格提出“情感倾向性”的概念，把人分为“内向型”和“外向型”两种。D 型和 I 型都属于外向型，他们喜欢表达自己的思想和观点，情感流露比较多，比较乐观，通常给人敏捷、精力充沛、自信的印象。S 型和 C 型属于内向型，他们比较习惯于隐藏真实的情感和思想，不会轻易表达，比较悲观，通常会给人稳重、沉默和节奏较慢的印象。

DISC 四种类型的情感倾向

性格类型	D 力量型	I 活泼型	S 和平型	C 完美型
情感倾向	外向	外向	内向	内向

例如，有位同事在办公室里提议今天午饭结伴去尝试一下路口新开业的餐厅。有些人通常比较快就能决定，而且明确表态去还是不去，这样的人通常是外向型的。有些人需要考虑一下或者先了解了其他人的想法之后再决定，或者已经拿定了主意却不马上表态，这样的人通常是内向型的。

（2）分类维度 2　思维倾向

思维倾向是 DISC 分类的另外一个维度，分为“任务导向型”和“社交导向型”。任务导向型的人通常优先考虑完成任务，目标明确，喜欢工作，认为娱乐是浪费时间，有时候容易忽略他人的感受；社交导向型的人优先考虑人际关系，喜欢和人打交道和相处，注重他人的感受，比较随遇而安，不太注重细节，也不太在意输赢对错。在 DISC 四种性格倾向中，D 型和 C 型属于任务导向型，I 型和 S 型属于社交导向型。

DISC 四种类型的思维倾向

性格类型	D 力量型	I 活泼型	S 和平型	C 完美型
思维倾向	任务导向	社交导向	社交导向	任务导向

一次会议中，总干事提出是时候开始筹划一年一度的团建活动了。任务导向型的人希望团建的内容能对工作或者生活有帮助，认为这样才符合团建的目的和意义；而社交导向型的人会关注团建是否能有轻松、愉快的气氛。

需要留意的是，世界上没有单一性格的人。D、I、S、C 四种性格的特质都存在于每个人的心里，只是倾向的强弱和比例不同。一个人的测试结果通常四个方面都有得分，得分越高，对应的性格特征越明显。某项完全不得分的情况很少见。另外，比较成熟的人可能会四项的得分很相近，具备多方面的性格特征。

DISC 四种类型的特点汇总

性格类型	D 力量型	I 活泼型	S 和平型	C 完美型
情感倾向	外向	外向	内向	内向
思维倾向	任务导向	社交导向	社交导向	任务导向

续表

性格类型	D 力量型	I 活泼型	S 和平型	C 完美型
关键特质	行动迅速 自信 爱憎分明	活泼开朗 爱说话 不注重细节	喜欢旁观 稳定 和善安静	喜欢思考 严谨 严格自律

四种性格倾向，不同的执行力和贡献

在操练五中介绍了提高团队执行力的系统方法，在此再结合 DISC 性格分析的内容，作进一步的延伸和讨论，以便新手社工主管更立体地认识执行力的内涵。

《赢在执行》一书里列出了考察一个人是否有执行力的 9 个方面：

- 自动自发、积极主动；
- 注重细节；
- 为人诚信，敢于负责；
- 善于分析判断，应变力强；
- 乐于学习，追求新知，具有创意；
- 对工作投入；
- 有韧性；
- 有团队精神，人际关系良好；
- 求胜的欲望强烈。

结合 DISC 的性格分析，我们可以知道，不同性格特质的员工在工作中的执行力有所不同。假如新手社工主管在日常工作中懂得因人而异进行分工和跟进，让员工扬长避短，团队的整体搭配和执行力会更理想。

《西游记》里师徒四人同往西天取经，他们的组合刚好可以作为 4 种性格特点的代表。

D：力量型——执行力强，但特立独行（代表人物：孙悟空）

孙悟空对唐僧的批评和阻挠置之不理，冒着被师父赶走的风险也决意三打白骨精。这种顶着诸般反对和困难，执意坚持自己判断的气魄，是 D 型性格的典型特征。

力量型（代表人物：孙悟空）

D 型员工的执行力一般都很强，他们以任务为导向，积极主动、勇于担当、富有开拓精神、不畏艰难。但他们有时候会因为过于自信或者行动过于迅速而忽略了跟团队其他成员商量和沟通，他们直率和爱憎分明的性格也可能会给团队成员带来不愉快的感受，因而影响团队的整体合作。

社工主管要适时提醒 D 型员工，调整他们与整个团队的步伐。D 型员工通常愿意接受不同的意见，但对话最好单独进行，而不要当众指出。一些需要开拓精神或者挑战度高的新工作，可以优先考虑安排给 D 型员工，他们会欣然接受，愿意为团队开创新局面。

S：和平型——忠心的执行者，但顾虑较多（代表人物：沙僧）

沙僧是师徒四人里“戏份儿”和对白最少、最不引人注意的一位。他全程默默挑着担子，把师父、师兄们甚至白龙马的起居饮食都照顾得妥妥帖帖，这正是S型员工的普遍特点。

和平型（代表人物：沙僧）

S型的员工很忠心，表现也很稳定，对于主管交付的任务都会尽力在限定的时间内完成。不过他们不喜欢冲突，所以很少提出不同的观点和意见，尽管他们的点子和提醒可能对工作的开展是有利的。喜欢扮演好好先生的S型员工也有不懂得拒绝的通病，常常被分配过多的任务，但又不会及时求助，容易出现拖到最后才把问题告诉主管的情况，但这时剩下应对的时间已经很少了。

社工主管可以定期主动询问S型员工当前手头负责哪些工作，当中是否有主管可以协助分担和协调的事项。习惯默默耕耘的S型员工，得到主管的主动关注，会心存感激，在单独的对话里也更容易分享自己的难处和意见。一些重复性较强或者需要耐心和陪伴的工作，都比较适合分配给S型员工。

好消息是：据统计显示，人群中通常S型占多数，即大部分团队中通常S型的人最多。大部分诚恳工作的S型员工还是很能让主管放心的。

C：完美型——执行力良好，但过分追求完美（代表人物：唐僧）

唐僧在取经途中历经磨难而从没动过放弃的念头，驸马、国师等权位、荣华和美色触手可及也不为所动，执着地向着到西天取真经的目标前行。C型倾向的人也具有类似的执拗劲，比较少受外界的影响，除非是他们自己愿意。

完美型（代表人物：唐僧）

C型员工也是任务导向思维，意志坚定，喜欢工作，也会努力做好。在接到任务的时候，C型员工很喜欢问“意义何在”和“为什么”。同时他们需要时间和空间先自行消化和思考接到的任务，不会马上动手。他们也常常无法把握做到“足够好”的尺度，钻进了追求“尽善尽美”的牛角尖，让工作进度一拖再拖。C型员工吹毛求疵和严守规条的性格倾向也可能会损害团队成员的合作氛围。

社工主管在给C型员工布置任务的时候，要耐心讲解背后的考虑和原因，并且给他们预留一定的时间去思考，也要注意适时给C型员工正面的反馈，让他们知道他们的工作已经做得足够好。主管可以多安排一些需要分析、优化、校对等要求精确和独立完成的工作给 C 型员工，他们会很享受，通常也不会让你失望。同时要切记给他们明确完成任务的期限!

I：活泼型——最不守时的欢乐制造者（代表人物：猪八戒）

面对美食与美色，猪八戒毫无抵抗能力，并毫不羞愧地把这种情绪表露无遗。取经路上每逢遇到大大小小的波折，猪八戒念叨的就是回高老庄过安逸舒适的生活。取经和降妖，他真的没那么热衷。I 型倾向的人都有着对休闲娱乐和安逸生活的向往。

活泼型（代表人物：猪八戒）

在四种类型的员工里，I 型的人最容易给主管丢三落四的不靠谱印象，换句话说，执行力偏弱。但他们很能给服务对象和团队带来欢乐和创新点子，真是叫人又爱又恨。喜欢和人打交道、热情开朗、善于活跃气氛是社会工作从业者很需要的技能，这对 I 型的人来说是与生俱来的。不过，很多时候他们说多过于做。有些时候他们把场景描述得异常激动人心，以致所有人都信以为真，但事后会发现无法兑现。

社工主管可以好好利用I型员工活泼开朗的性格，给他们舞台去发挥，去把欢乐带给需要的人。与此同时，避免要求他们独立完成一些需要缜密编排和思考的任务。I型员工不拘小节，一般不反感甚至欢迎主管和同事在任务期限和工作细节上给他们提醒和指导。在推动工作执行的过程中，社交导向和娱乐导向的I型员工是四种性格类型中最需要主管多关注的一种。

本书操练八“情理兼备的沟通法则”中多次迟交工作报告的小A就属于I型性格，对于要交报告的日期和需要抄送的人等细节都容易错漏，但其实小A对主管杨杨的提醒并不反感。

执行力超高的完美员工，并不存在

回顾一下前文列举的执行力9个方面，现实中能同时满足所有方面、完全自动自觉完美执行任务的员工凤毛麟角，有的话估计他也早已成为你的上级或者老板了。新手社工主管应该做的是了解每个员工的特质，帮助他们扬长避短，在不同的分工中为团队作贡献。

《只用管好4种人——DISC性格分析让你成为高绩效的管理者》的作者在开篇的时候就指明，想要改变一个成年人的本性，通常不但不能帮到他，反而会毁了他或者毁了两个人的关系。因此，希望新手社工主管们能掌握适当的方式，循循善诱，诲人不倦，而不是“毁人不倦”。

不同性格特质，适合不同的激励

赞美员工就如给火箭添加燃料，有助于员工保持良好的工作状态。DISC 四种不同的性格倾向，适合赞赏和勉励他们的方式也有所不同。

（1）D：力量型——赞赏能力，增加自由和挑战

D 型的员工喜欢别人赞赏他们的工作能力，对于外貌、穿着方面的赞美他们一般无感。工作中给他们新的挑战或者新的权限和自由，会让他们感受到主管的认可和欣赏。

（2）I：活泼型——赞赏点子，增加展示的机会

主管给 I 型的员工当众发言和展示的机会，对他们来说是一种奖励。尽管不是每个新奇的想法和点子都能落地执行，但主管对他们多出主意的认可，有助于提升他们的工作热情。

（3）S：和平型——赞赏参与和付出，给予稳定的环境

低调而默默付出的 S 型员工很容易被上级忽略，主管的一句“谢谢你的付出”或者“有你真好”，对 S 型员工是莫大的鼓励，能大大提升他们的存在感。继续为他们提供让他们安心的、稳定而安全的工作环境，减少或者减慢变化和冲击，也会让他们备受感动。

（4）C：完美型——赞赏高质量的工作表现，增加资源

C 型员工期望别人欣赏他们的卓越表现和独到、深入的分析能力。在他们需要时间、空间和数据去思考、分析的时候，主管给他们提供相应的资源，会让他们感受到主管的重视和欣赏。

DISC 测试和分析在团队的应用

喜乐社会服务中心有 25 名员工，分别负责 7 个不同的服务项目或者管理工作。为了更全面地了解和评估同工的性格倾

向以及团队搭配，中心邀请笔者担任培训导师，指导整个团队做了一次全员的 DISC 测试。

个人的自我认知

同工们得知自己的自测结果以及对应的性格倾向分析后，更能明白自己一些工作习惯和日常表现背后的原因，也对自己的特质和给团队带来的贡献有更深的认识。

团队搭配的评估

当同工们按项目团队分组就座时，项目成员相互交流自测结果，从而对彼此的性格和思维特质有更多的了解和理解，有助于团队往后建立良好的合作。

员工和项目的匹配度评估

再进一步，将项目同工的特质与项目需求作对比时，发现大部分项目的人岗匹配程度比较高。例如，项目 A 的 5 个成员都需要单独驻点，他们的 S 型倾向都比较强，能够较好地独立工作，耐得住孤独。假如是 I 型的话，很可能会觉得孤单沉闷，工作进度也难落实。

对应项目团队的搭配，给予提醒和忠告

项目 A 的驻点工作以 S 型员工为主，也印证了实际工作中常见的现象：这些员工通常会把困难全部扛在自己身上，怕麻烦别人，到问题接近爆发时才通报求助。经过测试和分析后，S 型的同事更直观地意识到了遇到困难及时求助的必要。

前文提到的杨杨和阿辉同在项目 B，测试结果显示，杨杨的主要倾向是 D 和 C，阿辉则是 I 和 S。任务导向、精益求精的杨杨遇上随遇而安、社交导向的阿辉，怎能不产生矛盾呢？

导师提醒杨杨，交代任务指令时，对阿辉需要多讲几遍，杨杨也要表示出对分享细节的期待。另外，阿辉回应的“嗯”，表示他正在听，而不是代表“我听懂了”。杨杨对于交代阿辉完成任务的期限，也需要预留更长一点的时间。导师也建议阿辉，有不明白或者遇到困难的时候，要主动询问和沟通，不要被动等候，直到杨杨追问时才告知进度。

通过测试和交流，杨杨更懂得欣赏阿辉与服务对象建立信任和保持紧密联系的能力，阿辉也更认可杨杨对服务质量的执着以及为机构建立良好形象的贡献。

小结

必须再三提醒，人是复杂的，世界上没有单一性格的人。每个人都是 D、I、S、C 四种性格倾向的混合体，《西游记》师徒四人的特质在每个人身上都有，只是倾向的强弱和比例不同。新手社工主管切忌以偏概全，简单地用单一标签来看待和评价员工，这样不但限制了员工的发挥，也限制了服务和团队的发展。

新手社工主管要多留意操练、觉察自己的特质和习惯，同时帮助团队的成员相互了解、接纳、欣赏，进而搭配合作。就像《西游记》里性格迥异的师徒四人，互相配合、彼此帮助，自能打造多元的梦幻团队，无往不利。

操练七

管理微技巧：一分钟训勉和认知应对及正向重估

一分钟训勉——聚焦、简短、不损害工作关系，却展示主管威严，维护下属的尊严。

认知应对及正向重估——员工工作感到不安及遇到压力时，协助他安慰他自己，尽快平复。

管理是一种艺术，方法巧妙各不同。因文化及地缘等差异，国外的管理学说未必全部适用于国内，我们不能照单全收，必须灵活运用，并加入创意。操练七要介绍两种管理技巧——一分钟训勉和认知应对及正向重估，这两种技巧不是什么了不得的技巧，却具实效。一分钟训勉技巧用于员工的辅导，而认知应对及正向重估技巧是安抚员工情绪的。

一分钟训勉

儿时，为了一点过失，母亲就大发雷霆，骂哥哥、妹妹等，骂个不停，有时我们不知她骂什么，没有焦点。被骂的人根本不知她为何恼怒，想达到什么效果，只知她不高兴，很凶，念念有词。

“你看那家的小孩很听话，不像你们……”

“生一块叉烧也比生你强。”

由于每日吵闹的次数很多，我们已见怪不怪，慢慢地，她的责骂失去了作用。故哥哥取笑说妈妈是“白天哦（不是‘鹅’）”；妹妹说她是“黑天哦”；我说她是“‘哦罗斯’广播电台的台长”。

学习心理学的时候才知道中年女士每天平均说话8000字，而中年男士每天平均只说2000多字，故“妈妈一族”有说不完、骂不完的话，每天8000字的话说不完，做梦时也要说。故有调查报告表示，大多数青年人宁愿得罪父亲也不愿得罪母亲，因为母亲短期记忆及长期记忆俱佳，又有说不完的话，得罪了她后自己的耳朵肯定受罪。

在办公室亦会一样。男性主管与女性主管大不同，风格各异，但大部分都喜欢当众训示犯过错的员工。若主管在训示同工时带有情绪，则往往不能一语中的，焦点不清，训示半天有时也不清楚训示的重点，东一片，西一片，只让人知道主管不满意。这不仅影响办公室工作气氛，更令被训示同工自尊受损，整个团队精神也可能因此被摧毁。

一分钟训勉的目的是追求有效地督导员工达到更好的绩效。有些主管经常当众责难同工，使同工感到难堪，压力甚大，常会躲在“自我防卫机制”的后面，致使工作氛围十分紧张，大家都无法下台。有时主管越训斥越起劲，由“对事不对人”转到“人身攻击”，偏离原有的问题，把很多旧事重提出来，情绪亦随之高涨，结果引发情绪的宣泄，离题，训斥没有了焦点。

主管骂人，垃圾桶挡灾

主管遭上级主任训斥后，到办公室训斥下属，下属训斥小工，小工踢垃圾桶。责骂使人感到委屈和愤怒，他们或会将情绪向下转移到更弱势的人。主管乱发脾气，使办公室工作气氛受到影响，服务质量也因而受损。

一分钟训勉是一种很有效的教导员工的方法，是由 Dr. Gerald E. Nelson 提出的教导孩子的方法[①]演变而来，经改良后变成训勉员工的有效的技巧之一。它方式简单，使上级与下级的关系在训勉过程中变得较为舒适自然，它清楚地告诉下级犯了什么错误以及上司的感受与建议；最后它能达到良好训勉应该产生的效果，改变员工不当的行为，解决实际问题。

一分钟训勉的过程和结构

它有一个简单的结构，而且是一套有力的维持员工关系的运作，它共有下列五个部分。

（1）前 20 秒用于陈述员工的行为/问题

• 主管为了员工出现的一个劣行或低绩效而需要训勉时可应用此技巧；

• 主管的一举一动不仅要让员工知道主管生气；

① 惠泉：《一分钟斥责》，1984 年 7 月《张老师月刊》。

- 还要让员工清楚知道为何责备他；
- 在员工的情绪被激起时要停止责备；
- 上述责备不可超 20 秒。

在责备员工时须先顾及他的性格。对于性格比较敏感的员工，不可责备得太厉害。对于感受较为迟钝的员工，则须加强责备力度；责备的强度也要因应问题/行为的严重性而定。如员工只不过偶有失误，就不必施予过于严苛的责备。

（2）2—3 秒——过渡转接位的停顿

表示愤怒后的过渡期是很重要的，需略停 2—3 秒，或进行一下深呼吸，控制一下自己的情绪并提醒自己“我是考虑同工感受的”，然后继续下一步。

此时主管已由一个愤怒的“主控官”，过渡至较为平淡、温柔的“关照者”，并调整好自己的情绪。

（3）利用 30 秒作焦点式改善建议

主管应以较柔和的音调，说出改善问题的方向，扼要、简单地道出改变的建议，为下次“深度会谈”做方向性的准备。

（4）利用最后 10 秒正面肯定员工的价值

训勉的后半部（维持 10 秒钟），主管虽感到气愤，但仍须尊重员工，肯定他的价值，让被责备的员工知道，主管仍旧在关照他，而且对他充满期待，并愿意协助他解决目前的问题。主管可转用较柔和的语调及亲切自然的身体语言，例如说：“你是中心骨干成员，是中心明日之星，要继续好好地工作。”肯定员工的价值。

（5）友善结束/握手/轻拍

同性别主管可以轻拍对方肩膀作为结束。主管主动轻拍对方表示训勉已结束，如果下属接受，则表示了解训勉是主管关心的意思，知道主管对员工生气，并不是不重视他，相反，“爱之深，责之切”，是关心的表现。

（6）反馈的评估

这种正面的肯定，可使大多数员工感到慰藉，并松一口气。当然，也有少数员工会不服气，想向你解释一下，甚至与你辩论。新手社工主管可尝试运用下列亲切的问答方式，了解同工是否接受这次训勉，评估自己是否是一名好的主管。

主管：你认为我刚才为什么这样严厉地责备你？

同工：因为我犯了错。

主管：对，你是犯了过错，但我是因为关心你的成长，希望你能重视，吸取经验，所以才责备你。如以后你再遇到困难时，你会怎样做？

同工：找你帮忙……

为方便新手社工主管更清晰地了解一分钟训勉的结构和编排，笔者将一分钟训勉的五个部分，浓缩于下表：

时间	部分	内容	备注
前20秒	开场白	陈述问题所在	语调严肃 要有威严 不论断，不批评 不情绪化

续表

时间	部分	内容	备注
2 秒	转接位	静默	调整情绪、语调
30 秒	告诫焦点	建议改善方法	语调要温和 语速适中
10 秒	结束语	给予鼓励	语调温和 对达到目标充满希望 可轻拍对方肩膀（注意性别差异）
5 秒	评估	了解成效	语调温和 了解同工是否接受训勉 根据实际需要选取评估内容

案例 1

在下午茶时间，社工 A 大谈他的年轻案主如何拒绝他的建议，继而离家出走与吸毒男友同居，不肯返回忧心忡忡的母亲身边，使社工 A 十分恼怒，很多案情的细节也成为他与同工分享的内容，使他变成“大喇叭”。他的主管发现后立刻礼貌地制止他，并邀请他到自己办公室做了一分钟训勉。

（1）开场白（客观陈述问题）

“刚才在茶水间，你大谈其中一位案主的问题，也公开说了案主姓名及很多隐私，除了社工外，茶水间的清洁工阿姨也知道，并参与说三道四，说案主的不是。”（说出事实，不增多，不减少，不论断，不批评。）

（2）静默（调整情绪）

由严肃转为平淡，语速及语调趋于温和。

（3）训勉焦点

“你肯定知道社工伦理最重要的原则是保密，我们不应在公共场合透露案主的任何资料，并应尽力保护案主的个人信息免受侵害。”（提出改善建议，语调平和，态度诚恳。）

（4）结束前的激励

“你聪明能干，深受众多案主喜爱，多以案主利益为先，这次是无心之失，你下次应留意一下，不要这样不小心。努力工作，我看到你在辅导方面有很大的进步，努力！”（激励，用正面的话语结束。）

案例 2

陈社工文书写作技巧较差，在书写小组计划书时，目的与目标混淆，在订立目标时也没应用 SMART（S = Specific、M = Measurable、A = Attainable、R = Relevant、T = Time-frame）原则，经督导多次提醒，也没有改善，新手社工主管负责跟进此事，主管邀请他到办公室，应用了一分钟训勉的技巧告诫他。

（1）客观陈述问题

新手社工主管：“今天请你来主要是关于你的文书写作技巧，中心主任昨天抽查同工的小组计划书，看到你的文书质量不合标准，对当中的‘目标’与‘目的’混淆不清，亦对‘评估方法’与‘评估资料搜集方法’分别不清，他感到不悦，并在会议上做了不点名的批评。”

（2）静默

准备下一步前，调整情绪、语调。

（3）建议

新手社工主管："为了此事，我昨天找了一些小组计划书的模板，也找到《小组工作》一书，当中的第8章，是讲述小组文书写作技巧的，也有提到厘定目标的SMART原则等，你回去看一看，下星期我们找一个时间再详细讨论一下，好吗？"

（4）结束前的激励

新手社工主管："小陈，你带领小组很熟练，尤其是带游戏十分好，组员十分喜欢你，你也是我们工作部的骨干，只要你掌握好文书写作这方面的技巧，不久的将来，你必可独当一面。回去花点时间看这些材料吧！加油。"

一分钟训勉的效果

这种训勉的程序适用于所有员工。即使员工已经接近退休年龄，要改变他的行为，也不会太晚。但要记住，训勉的程序虽然相同，但音调、语调、语速、强度必须视员工的年资、性格以及行为恶劣的严重性而有所不同。

正如任何其他工具一样，一分钟训勉必须用之有法，以求圆满，训勉时尽可能不超过60秒，而且它各部分都需付诸实行，次序和态度也不可错乱。

一分钟训勉小结

大多数员工在连续被施用一分钟训勉后，多有正向的反应，会改进自己的问题及行为，与上级的关系也不会因被训勉而太受影响，有的反而更加紧密。少数存在较为严重问题的员工，则需多一点耐心，只要新手社工主管对这个技巧锲而不舍地运用，终会达到改善员工绩效的目的，同时加强团队的和谐和前进的动力。

认知应对及正向重估

当一线社工遇到挫折，出现情绪或信心问题时，他们的上级主管在安抚、情绪支援等方面均有重要的角色任务。如何指导社工以特定的方法，去应对自己的情绪和感受，让自己安定下来，是新手社工主管必须学习的技巧。这方面比较有效的方法是认知应对策略（cognitive coping strategy）和正向重估技巧（positive reappraisal）。主管可用这些简单方法让员工在工作上遇到挫折、压力，或有不愉快感觉时，能够有效地得到支持和安慰，并平静下来。

案例

一个长者学习小组开始时，70 多岁的宾婆婆自我介绍说：

“我没有文化，没有读书，很糟糕，从来没做过什么工作，只是自己养大 4 个子女，但是子女都各自成家，现在我自己一个人住。”

宾婆婆话语中满是自卑，社工小张尝试以安慰的话语回应说：

“宾婆婆，您不需要介意，好多和您年纪相若的女性都和您一样，您来参加这个学习小组，可能很快就会变得懂很多了。”

小张这样说的目的是想给这位自卑的组员一些鼓励，但是仔细一想，实际上是同意了宾婆婆自己的负面评价，好心做坏事，效果刚好相反。而且，在之后的小组过程中，小张没有给予宾婆婆太多注意及关照，忙于应对其他事务，令宾婆婆有被冷淡的感觉。

在小组中途，宾婆婆说有要事赶着去办就匆匆离去了。之后，小组气氛也不热烈，组员一个接一个地提早离去。在检讨时，小张十分焦虑，有挫败的感觉，不知怎样去补救。

此时，主管可分别应用认知应对和正向重估两种技巧来协助小张平复心情，让她重新得力。

认知应对策略[①]

一般来说，认知应对策略如下。

（1）反刍（Rumination）

主管应协助小张反复回想及思考这次带领小组失败的原因，例如“为什么宾婆婆会突然离去呢？是不是不小心触怒了她？”

也应让小张知道这样回应一个自卑的组员，不仅无助她看到自己的能力，反而更进一步巩固了她的自卑，这是个“去权”的行为，相当于间接认定了：

- 作为全职家庭主妇等于“没做过什么工作”（一份不是对社会有贡献的工作），而且这个身份是卑微的；
- 抚育 4 个子女成长是理所当然的，不值得一提，算不上是什么成就；
- 现在身处的状况“很糟糕”；

① 林俊彬、张溢明：《认知应对策略——失败后识振作》，2018 年 12 月 18 日《明报》。

• 更甚的是，当社工说“您来参加这个学习小组，可能很快就会变得懂很多了”时，暗示着“您现在懂得不够多”，相当于在宾婆婆的伤口撒上一把盐，使她对目前的处境更加无能为力。

（2）抽离（Distancing）

协助小张从第三者的角度，如倒放电影般重组事件，主管这时需要协助她对宾婆婆说的话进行重构：

“您一直都是全心全意照顾 4 个子女，这也是为自己的家庭工作，才没有去外面工作，而且家里的子女都已经出人头地，各自成立了家庭，您就可以开始过一个人的新生活了。”

其中，“全心全意”变成照顾子女的正面写照，“为自己的家庭工作”成为一份有价值的工作，只不过不属于“在外面工作”而已；至于子女成家后，长者转为独居的事实，由于不能肯定这位长者的主观评价是正面还是负面，所以适宜采取一个比较中性而谨慎的立场，即试探子女“出人头地”的正面信息，同时，也以“新生活”一词为组员提供延伸的叙事空间，相信此时为宾婆婆带来的体会会截然不同。

（3）接受（Acceptance）

留意同工感受的同时，不去论断它是好是坏，只需要接受它“会来也会去”，不要过于执着，让它过去。一个善于鼓励的主管，会接纳被鼓励的同工的能力和景况，也会按现实的情况作出鼓励，接受事实，不会期望过高，也不会因员工进展缓慢而去责备。

（4）正向重估（Positive Reappraisal）

主管除了安慰同工外，还要协助同工思考处理小组当中有什么能让自己进步、变得更强大的方法。例如，“今天这个小组集会不大成功，但我在过程中学懂了一些沟通的技巧，或许下次我可以试用另一种方法沟通”。

“下次我要好好预留时间多与宾婆婆沟通，重建及提升工作关系。”

在这个案例中，在社工小张与长者学习小组组员通过语言共同建构现实的过程中，社工往往都是在缺乏了解的情况下成为强势的一方，而权利的不平衡有可能导致长者潜意识地反抗权威，社工与宾婆婆的专业关系难以建立；因此，社工必须学习提高沟通能力，以避免不必要地削弱宾婆婆克服困境的潜在能量，避免造成“去权”的负面后果[①]。

从另一角度来看，如果小张能以谦卑而尊重组员阅历的态度去理解长者学习小组组员，然后在平等的地位中尝试引入新的价值视角，则互动过程有可能达到为宾婆婆充权的效果。

正向重估将焦点集中在下一次如何克服困难，能够较快速地从负面情绪中恢复过来。它是有效恢复社工情绪的方法之一。因此，当一线社工遇到不安、挫败时，新手社工主管在用心聆听社工的感受后，不妨引导社工思考在整个事件过程中的收获，例如学会了与长者沟通的知识和技巧等，好让他重拾信心，继续为长者服务，在技巧上不断进步及成长。

正向重估技巧[②]

一般来说，正向重估可从三个方面着手。

---

① 游达裕、区结莲、朱志强：《古松苍劲，寻解导向长者小组研究与应用》，香港·三次坊出版社，2010 年版，第 100 页。

② 参考林俊彬、张溢明：《正面重估——让孩子更强大》，2019 年 1 月 1 日《明报》。

（1）感觉重估（Emotional Reappraisal），集中精神，重拾信心

将要面对一些即将发生的事情，社工可能会产生紧张、焦虑感，甚至产生退缩的情绪，主管可引导社工做“感觉重估”。例如，社工即将要为颁奖典礼做司仪，跟你分享表示他现在惊慌紧张，作为主管的你除鼓励外，可以提醒社工将该感觉转化为集中精神：

“即将要出场，我们都会觉得有点惊慌紧张，心跳也会加速，这样很正常，这种感觉就能提醒我们集中精神来表现自己，而当我们集中精神，我们也会舒服点，表现也会好一点。”

（2）过程重估（Process Reappraisal），寻找收获，重新得力

活动完结之后，主管可引导社工做检讨，运用过程重估的方法重新思考，希望在活动的过程中找到有所获得的方法，例如活动完结了，社工表现不理想，对彩排时做不到最佳表现而耿耿于怀：

“我看到你感到失望，因为未能做到最好。我知道你之前很投入练习，我们都很欣赏你的认真！我们不妨都想一想，之前从预备、练习至活动的过程，有什么地方让你有所收获?”

（3）结果重估（Outcome Reappraisal），重新思考

主管大多会坠入追求完善的陷阱，往往注重成果大于当事人的努力和进步，新手社工主管们，要谨记同工付出的努力、获得的进步比达到目标更为重要。一个善于激励的主管，经常挂在嘴边的话是：

“你已有进步，方向对了，继续努力！”

又例如，活动完结了，某社工表现不理想，主管可引导该

社工去重新思考，并可鼓励说：

“我看到你感到失望，因为未能做到最佳感到不满意。”

“这种感觉我从前也有过，好像是努力了也未做到最好。”

“同时我知道，这次的表现并不是永远的，因为我们将来还有其他机会去继续努力。我们不如一同回想之前的预备工作，有什么地方我们可以在下一次做得更好？”

在不同情况下运用一种或多种的正向重估方法，将焦点重新集中在可以如何克服困难上，协助社工从负面情绪中恢复过来，从长远看，有助社工坚韧不挠地成长！

结果重估适用于项目完结以后，检讨时主管可引导社工重新思考，明白这次的表现并不能代表以后都是这样，恰恰是为下一次更有进步做准备。

小结

管理是需要技巧的，这一点大家都会认同。许多新手社工主管是第一次带人，难免经验不足。在职场上，管理有许多实用的技巧，笔者特别整理了上述管理微技巧，供新手社工主管参考。

如何在一线社工出现情况及信息不足时，学会倾听、及时提供有效的安抚、情绪支持和激励是重要的。因此，认知应对策略和正向重估技巧非常重要，绝对不能错过。

有效管理技巧是可以学习得来的，希望新手社工主管都能努力学习！

操练八

情理兼备的沟通法则

主管有责任让员工知晓机构和主管对他的客观评价及给予的成长空间，操练情理兼备的沟通法则，能让主管兼顾温情和威严。

“动之以情，晓之以理”，这是中华文化的传统智慧。

接着上一章管理中用于沟通的微技巧，操练八再进一步介绍对员工进行合情合理训勉的原则和方法，帮助新手社工主管跟员工做更具温情的沟通。

给员工全面的反馈是主管的职责

社工行业比较注重人际关系，社工从业者注重人的感受，也会有意识避免可能破坏人际关系的言语和行为。当新手社工主管将这种和服务对象建立关系的工作思路迁移到跟员工的沟通中，可能会削弱主管的管理和指导职能。尤其在同工工作表现欠佳和需要改善的时候，主管可能会担心“伤害对方”或者“破坏关系”，而选择避重就轻，不道明情况。事实上，这种“不作为”在多个层面上都会造成伤害。

主管有时候会陷入“情”“理”无法兼顾的两难之中

一是剥夺了同工成长和突破的机会。《绩效、绩效 Part Ⅱ》一书中提到，研究显示，反馈是人类行为中持续产生优秀表现最重要的条件之一。全面的反馈，包括对良好行为和表现以及不理想行为和表现的反馈；缺少其中一样，都不算全面。《问题员工背后的解答》的作者也指出，得到反馈意见是每个员工应有的权利。无论表现优良还是不理想，员工都有权知道。所以，假如主管不对员工的不良表现给予及时的反馈和提醒，相当于剥夺了他的知情权以及成长和突破的机会。

二是给其他团队成员带来损害。项目和团队中的事务虽然大部分都是分配给个人独立完成的，如果每名独立员工自己职责部分的完成进度和质量不及预期，或多或少都会影响其他成员和工作。主管容许这样的情况长期不改变，坐视不理，一来会影响团队士气；二来也会影响其他团队成员对主管权威的认可。

三是使服务质量受损。带领团队为社区和服务对象提供优质的服务，是社工主管应该坚持的方向。假如有同工的表现长期处于中下水平，必定会影响整体服务的质量，甚至进而影响机构的口碑和形象。

这样看来，主管为了顾全不想伤害跟某个同工的关系这粒“小芝麻”，丢了团队及服务质量这个“大西瓜”，实在是本末倒置，得不偿失。

操练情理兼备的沟通法则

喜乐社工机构惯例：每名同事都要在每周最后一个工作日向所在团队提交一份工作简报（发给主管，抄送给其他团队同事），目的是让整个团队及时掌握工作进度，有需要时也可以及时互相支持。

小 A 和小 B 是同时入职约 2 个月的社工，两人的工作能力和态度良好。小 A 比较活泼，不时能贡献创意点子；小 B 相对沉静，做事比较认真。小 B 每周都准时提交工作简报，但小 A 过去 2 个月大部分时间都要主管杨杨提醒后补交。小 A 每次被提醒时，都会态度良好地承认：“哦，对啊，我忘记了。马上补交！”小 A 基本都可以在被提醒的当天及时补交，但有时不免会影响团队原定的工作进展。

社工主管杨杨怎样“情理兼备”地处理这种情况呢？接下来结合案例进行讲解。

行动1：敏感话题，个别沟通，并提前预告

杨杨通过QQ给小A私聊留言，告知想约小A两天后的下午2：30，在小会议室做一次近期（试用期）工作的面谈反馈，其中也想谈谈怎样可以想办法做到准时提交工作报告。小A回复确认，可以安排。

自己的不足之处在公众场合被谈论，估计没多少人能平静接受。在一个能较好保障隐私的地方与同工交流负面或者有争议的话题，能为双方营造一个坦诚分享自己观点和感受的安全空间。

另外，一个营造良好沟通氛围的准备工作是提前告诉同工要和他做哪些方面的反馈，并且商定时间和地点，让同工有时间思考和做心理准备。在工作中突然被上级叫去讲自己的差错，引起忐忑、紧张、反感或者抵触等情绪，都会影响对话的结果。

提前约定，一般以2—5个工作日为宜。预告面谈内容的时候，留意用客观事项或者解决问题导向的陈述，避免用指责型陈述，有利于促进坦诚交流。

- 客观事项陈述：工作报告的准时提交。
- 解决问题导向的陈述：怎样想办法做到准时提交工作报告。
- 指责型陈述：多次迟交工作报告。

行动 2：动之以情，真情流露

自我披露[①]（Self-disclosure）是心理学的一个重要概念。自我披露的程度对人际关系的亲疏有重要影响。在朋友相处中，自我披露越多，意味着对对方的信任度和亲密度越高。在给同工反馈意见的时候，适当地运用自我披露，能有助于维持双方的相互信任和坦诚沟通。

如果接受批评的人从批评者那里接收的信息是被否定，双方的关系就会变得疏远。批评者适当的自我披露，能使对话变得有温度，容易保持信任关系。

> 小 A，这两个月你的总体工作表现不错，属于良好水平。上周办活动的时候，你给团队贡献了 2 个很好的点子，很有创意，我印象很深刻。活泼外向和有创新精神，是你的特长，也是你给团队带来的贡献！
>
> 除了你的创意让我欣赏之外，还有一件事让我对你念念不忘——就是你的工作报告。你入职的 7 个星期以来，4 份工作报告都要我提醒才交，有时又忘记了抄送给其他团队成员。你工作报告的迟交耗费了我额外的心力和时间，也影响了其他同工，做了坏榜样。你的实务基础不错，也有发展潜力，假如因为不能准时交工作报告这样的小事而影响你的试用期和绩效评定，我会觉得很可惜。
>
> 所以我想和你一起想想办法，怎样可以保证准时交工作报告。

---

① 区祥江：《辅导小百科》，香港 · 突破出版社，2009 年版。

小A从主管杨杨处得到了对自己工作表现良好和不足之处的反馈，很高兴自己的创意被主管看到了，也得到主管的赞赏，同时，也意识到了自己因为马大哈性格多次迟交工作报告给主管造成了困扰，同意要改善，向主管交代了3个方法，帮助自己记得准时交工作报告。

行动3：晓之以理，商定后果

前文提到用SMART原则为员工定改善的目标，其中“T”代表达到目标的期限（Time-frame）。在商定SMART目标之后，建议接着和同工一起商定不能如期改善的后果。

主管杨杨和小A面谈之后，小A准时提交工作报告的情况有所改善，但还是会时不时出现不按时交的情况。因为小A总体的工作能力和态度良好，所以通过了试用期，转正了。

近期进入工作繁忙期，小A连续两周忘记了交工作报告。杨杨故意多等两天，想看看小A是否记得补交，但最终还是经提醒后小A才记起。杨杨很无奈，其他社工再忙也都能按时交工作报告，唯独小A做不到。杨杨知道，尽管事忙，但也必须要及时跟进此事。

杨杨再次提前约好小A面谈。面谈时，杨杨先肯定了前段时间小A准时交报告有所改善，但近期工作变忙之后，又故态复萌。小A也表示很苦恼，愿意配合杨杨的指导，提出新的方法和策略提醒自己按时交工作报告。

接着，杨杨表明，作为主管有责任要确保各项工作按时进行，并做到赏罚分明，所以请小A对于以后若再次迟交报告所带来的后果提出处理的办法。小 A 经过思考后提出，自己愿意接受通报批评，希望杨杨再给机会，目标是未来 3 个月，每月最多迟交一次。

杨杨肯定了小 A 愿意改过的意愿，也认可小 A 提出的惩罚方式。同时补充："我接受你为自己设定的目标，未来 3 个月作为过渡期，每个月最多只能有 1 次迟交的机会。第一次出现迟交，我会口头给你提醒，引起你重视。假如当月超过了约定次数，我会按照你的提议，在下次例会中通报批评。通报批评累计超过 3 次，我会按机构规定，给你一次记录在册的口头警告。口头警告这么正式的方式我真的不希望用到，但我必须履行我的管理职责，也想引起你的足够重视。你在工作很多方面都表现良好，真的不值得因为迟交工作报告的事而受到影响。真要是那样的话，我也会很难过。有时候我也觉得自己能力不够，用了不同方法都没法帮你准时交工作报告。"

对于后果的约定，在面谈之前主管最好了解一下机构内相关事项的规定和制度，以确保给员工提供的信息和建议与机构的规定一致。

例如，员工迟到是一种比较常见的情况，对于频繁发生的 5—10 分钟的迟到现象，有时候管理者会倾向于沉默。但这种沉默传递出来的信息是容忍和鼓励，不做处理也是对守时员工的不公平，所以建议主管要留意按章秉公提醒和处理。

听到主管因为自己迟交报告而产生挫败感，小 A 很受触动，没想到自己的行为给主管造成这么大的困扰。

这次面谈后，第 1 个月小 A 很努力，全部准时交报告。第2个月抵不住繁忙的工作，先后迟交了2次。杨杨按照约定，分别给小A口头提醒和例会通报批评。

经历了这次通报批评，小A痛定思痛，此后再也没有迟交过报告。同事们对小A的认可度也越来越高。

行动4：做好记录，落实执行

社工实务对服务计划和记录的文书要求比较高，做管理的面谈记录也很重要。记录不需要太长，主要是记录面谈双方达成的一致决定。例如，在什么时间点之前做到具体哪几项事，以及做到和没做到的结果或行动。

有时候对于某些事项暂时还不能达成一致意见，或者担心面谈后实际工作中出现不可预期的阻碍，这些分歧和担忧也建议在面谈记录中列明，而且最好能定出下一次再讨论和检视决议的时间。这些让人不放心的不确定性也属于面谈时需要兼顾的“合情”的部分，记录下来稍后检视属于“合理”的处理方式。

例如，机构和主管小杨想推荐社工小乙去担任一个月后新开展的项目的领队。小乙很高兴机构和主管对自己的信任和肯定，有意愿尝试。但在面谈中，小乙也很坦诚地与小杨分享自己的迟疑，担心自己离开现在岗位之后，没有同样资历的同事接手，会影响现有的服务；另外也有点担心自己还不具备担任新岗位的全部能力。

小杨理解小乙迟疑的原因，小乙责任心很强，对自己要求也很高。尽管机构和小杨是综合权衡后才挑选小乙去新岗位，但面谈时听到小乙的这些顾虑，小杨知道勉强小乙仓促作决定或者带着顾虑就职对新岗位的服务也会带来影响。

小杨把小乙的两项顾虑记录下来，并建议双方都努力创造条件去克服。小杨邀请小乙一起考虑和邀请合适的接班同工接手小乙现在的工作；小杨稍后也推荐一些书籍和视频资源给小乙，帮助小乙提前熟悉新的服务内容，以及争取在新项目中给小乙安排适合的督导资源。

这样的安排消除了小乙的大部分顾虑，两人也约定好两周后再一起检视进展，以及最终确认小乙的调岗安排。

面谈的记录最好能在面谈当时完成，并且取得双方的签名确认。面谈记录一般由主管撰写，写完后现场交给员工阅读。假如员工对内容有疑问或者修改建议，可以现场提出。双方就记录内容达成一致之后，主管和员工都在记录的最后签名确认并注明签名日期。

这样的记录有利于日后的跟进回顾，也是机构人力资源管理的重要数据。面谈记录的原件一般由人事部门保管在员工的档案里，员工和主管保存电子文件方便查阅。

小结

新手社工主管和员工谈话时，投入心力让对话既有温情又不失条理，是对工作上的人际关系和员工成长的重要投资。

但做好了上述的所有工作，并不代表每次都能达到最理想的效果，员工未必都能在预期的时间产生预期的改变。但无论如何，做了上述的努力，主管尽了自己的本分，对结果才能比较问心无愧。

结果理想，主管记得不要吝啬及时的口头肯定和赞赏；给了多次机会但结果不理想，主管也要按照商议的共识秉公执行。赏罚分明的主管，最能得到员工的尊重和信服。

操练九

事半功倍的项目管理六要诀

项目的不同阶段留意把握关键要诀，如同卓越的指挥家指导乐队奏出不同主题、风格和节奏的美妙乐章。

案例

杨杨进入主管岗位即将满一年，其所在的社会组织培育项目刚刚经历了末期评估，评估的结果良好。与此同时，评估专家对整体服务情况的点评引起了杨杨的思考。评估专家指出，项目服务设计思路不够清晰，项目成效未能很好地呈现。例如，项目其中一个板块的服务是推动社区内现有社会组织的提升，这一年来项目对社会组织内员工举办了多场培训，但这不代表直接促成了社会组织的提升。另外，服务需求的理论分析和调研也偏弱。

最出乎杨杨意外的是，评估专家提出，这个项目已经到了第3个年头，服务应该有进一步的深化。杨杨这才意识到，虽然自己接手项目不到一年，但从项目整体运营的角度来看，主管有责任传承以往的服务积累，同时为未来中长期的项目深化和提升作规划。

杨杨意识到：主管有责任传承以往的服务积累，同时为未来中长期的项目深化和提升作规划

什么是社会工作服务项目

项目和项目管理的概念在各行各业广泛应用。目前国内大部分的社会工作服务以项目的形式通过招投标采购，所以新手社工主管很有必要掌握社会工作服务项目的基本理论和实务要诀。

社会工作领域的项目除了符合“项目”的一般定义，属于在一定时间和预算内，运用资源创造独特的产品、服务或者成果而进行的一连串工作之外，同时具有一些自身的特点：

（1）遵循社会工作专业价值；

（2）运用社会工作专业方法；

（3）基于特定服务群体的需要，并有对应的目标和服务内容；

（4）设有能够测量成效的机制；

（5）使服务群体产生改变。

社工服务项目在实践中的常见短板

现实中，不少社工服务项目的设计和实践都或多或少忽略了需求分析、服务对象定义、成效导向等一个或者多个重要元素，往往只偏重于完成服务指标。项目主管尽心尽力地督促着团队的指标进度，下了莫大的功夫确保在评估前落实所有指标，但评估结果却未必理想，常常被指出服务设计背后的逻辑、成效导向等环节薄弱。

有些刚接手社工服务项目的主管也会沿用做一线工作时的习惯，仅以一个年度的短期服务为主要考虑维度。因此，在项目评估时，评估专家大多都会不厌其烦地讲解服务设计应有的逻辑，对服务管理者循循善诱，期待未来的服务能更聚焦、更具可持续性。

新解·三只小猪的故事（一个不完全恰当的比喻）

三只小猪的妈妈给它们布置了同样的任务指标——为自己建一所自住的房子。猪妈妈在布置任务的时候没有具体说明希望达到怎样的标准和效果，所以三只小猪就各自按自己的理解和喜好去做了。其实妈妈心里当然是有个预期效果的——房子要足够坚固和安全，能抵挡外面的风雨和危险。

大灰狼的到来相当于是以一个严格的高标准来检验三只小猪完成任务的质量，在接受任务之初即想得长远周密的老三成功通过了评估！从项目管理的角度来看，看似

“残酷”的评估方式反映出用稻草和树枝搭建的房子通不过严格标准的检验，客观地呈现出另外两只小猪需要提升和改良它们建房的方案和实践。

这个比喻与社会工作服务项目实际情况不同的地方在于评估对于社会工作项目来说，不是“大灰狼”这样的反派。现实中，服务采购方、项目执行团队和评估方都有一致的大目标——为目标群体提供优质的服务，带来正向的影响和改变。

让社工服务项目管理事半功倍的关键工作

项目管理一般分为五个阶段：启动、策划、实施、监控和收尾[①]。在管理社会工作服务项目时，不同的阶段有其对应的关键工作。忽略了对应阶段的关键工作，即便有后续的补救工作，可能还是事倍功半、费时误事；辛勤忙碌一整年，也只是缺乏成效的重复劳动，未能获得赞赏和好评。把握时机，把关键工作做到位，将能体会到事半功倍的快乐。

要诀 1　启动阶段：酝酿理据充分、精准聚焦的服务设计方案

社会工作服务项目设计常用的基本逻辑是：从社会（社区）现象出发，界定希望通过项目的服务去解决或者缓解的社会（社区）问题，然后选择合适的需求调查方式去了解利益相关方对这一问题的看法、期待和需求。一个问题常常是多

① 项目臭皮匠：《项目百子柜》，北京·中国社会出版社，2017 年版。

层面的，解决的进程不可能一蹴而就，因此通过需求调研可以收集到利益相关方对该问题期待怎样的解决或者改变以及其紧迫性。

在需求调查的过程中，会收集到多种类型的需求。

• 感觉性需求：目标服务群体用言语表达出他们所感受到或者意识到的服务需求。

• 表达性需求：目标服务群体通过行动表达出来的服务需求，例如排队申请服务等。

• 规范性需求：从相关部门、专家学者等群体处收集得来的需求信息。

• 比较性需求：对比其他类似的群体或者社区，分析得出目标服务群体的差别需求。

整理好上述不同来源的调查数据之后，项目设计者需要结合社区和项目团队的现状和资源，兼顾各方的期待和利益，从所有收集到的需求中分析挑选出适合在本项目期内实现的服务需求。在后期提交的服务设计，能清晰呈现这个分析筛选过程的，才是一份理据充分的服务方案。

用于调查利益相关方的需求和问题的常用方法[①]有：

• 直接联系方法：例如通过问卷调查、访谈等方式直接询问服务对象的意见。

• 社区印象法/焦点小组：组织社区内的代表人物表达意见。

• 现存统计资料：通过查阅文献、过往服务资料进行

① 梁伟康：《成效管理：非营利社会服务组织全面实践策略》，香港·非营利组织卓越管理有限公司，2012 年版。

分析。

- 资源点存法：盘点社区中的现有服务资源，如提供轻度智障人士康复训练的机构有哪些，以及服务质量怎么样，哪些方面是目前社区内欠缺的。
- 公开咨询方法：询问专家、乡绅、主管部门的意见。
- 社会指标方法：依据当地的服务标准，例如低保标准、高龄长者帮扶标准等。

另必须留意的是，服务方案中一定要明确定义重点服务群体，掌握在此定义下的具体服务对象的数量和分布。了解对应的服务人数和分布的过程，反过来也会有助于优化重点服务群体的定义以及提高后续服务方案的可行性，使服务方案精准聚焦。

主管杨杨所在社会组织培育项目的“社会组织提升”板块的服务，前一个年度只着重从社会组织所属雇员（如社工、社区工作人员等）的角度设计服务，所以采用的主要服务形式是培训，而培训的内容大部分是社工和社区工作人员提议的基础实务类培训。这样的服务并不能突出杨杨所在项目的枢纽作用，与社会组织的内部培训区别不大，充其量是社会组织内部培训的有益补充，难以体现出社会组织的提升。

评估后，结合专家和督导的意见，杨杨将新一年度服务调查的对象提升到社会组织的创办者和高管级别，把服务对象更精准地界定为“社会组织”而不是“社会组织的雇员”，也留意进一步听取项目采购部门的建议。在新的年度计划中，服务形式从单一培训扩展增加外出参访和社会组织学习交流，培训的内容也增加面对社会组织中高层管理人员的管理技能和政策解读，等等。

在起草服务设计的时候，社工主管可以从以下角度来求证项目设计的合理性、聚焦度、独特性以及可行性。

- 设计服务时，是否采用合适的理论和调研资料作为参考？（是否合理）
- 项目的服务是否解决所在社区的重要或者重大问题？（是否聚焦、独特）
- 是否清晰地界定通过项目想要解决的问题和对应的服务对象群体？（是否聚焦、独特）
- 项目设定的目标是否能响应界定的问题？（是否聚焦、可行）
- 项目的服务内容能否实现目标？（是否聚焦、可行）

要诀2　策划阶段：成效导向的项目思维

经过前期的调研和分析，结合项目现阶段的资源分析，接下来就是服务设计的执笔阶段。事半功倍的项目设计通常以终为始，坚持成效导向。

现实中，项目管理者在服务设计的时候很容易陷入“指标导向”的误区，较少从“成效导向”的角度考虑问题。之所以会出现这种现象，可能是因为从一开始，项目指标就清清楚楚地列出，非常直观，无须费神思考；而项目期待达到的成效一般没有清楚列明，需要项目设计者有意识地着力去探索和思考。

社工主管必须认清一个事实：离开成效思维的服务设计，即使全部完成甚至超额完成指标，也未必能真正符合采购方、服务对象或者评估方的期待和要求。完成指标只是完成项目的最基本要求，达到合格线。脱离成效导向主线的指标完成率，就像将一堆拼图碎片摊在同一个平面，但没有组成一幅有主题意义的图画。

成效导向的服务设计能确保资源投入之后会得到可量度的产出，以落实推动资源被正当合理地使用于目标群体。

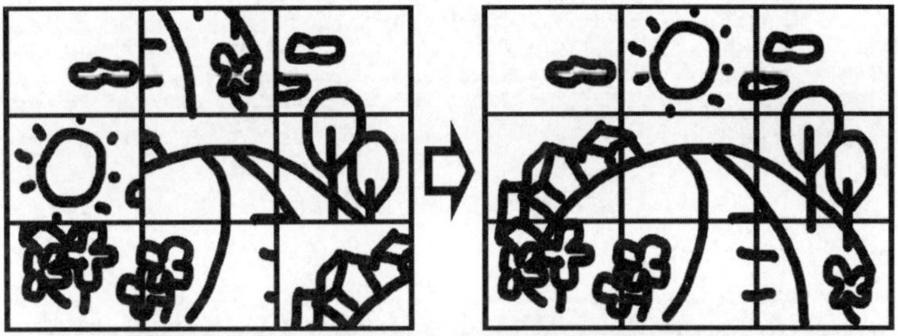

成效导向思维：将零散拼图组成一幅有主题意义的图画

程序逻辑模式（Program Logic Model，PLM）是当下社会工作行业比较常用的项目策划和项目评估工具。在项目设计时应用 PLM 思考，更能做到“以终为始”，打破指标导向的惯性思维，因为 PLM 要求我们先回答希望项目最终达到怎样的成效和成果，然后再倒推设计活动过程和资源投放。

运用 PLM 的服务设计是成效规划先行，再对应设计项目周期内的各项活动以及匹配相应的资源投放。服务计划定稿后，项目工作的推行方向又转过头来往回走。

争取多元而充足的资源来支持服务是不少社工和主管的心愿。有了事前的成效规划，主管和社工寻求资源赞助的成功率也会更高，因为大多数人和企业更愿意将资源投入有明显可预期的产出和成效的项目中。

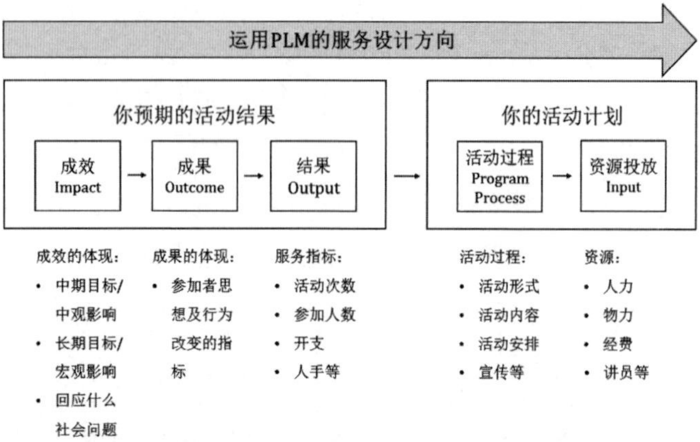

运用 PLM 的服务设计方向

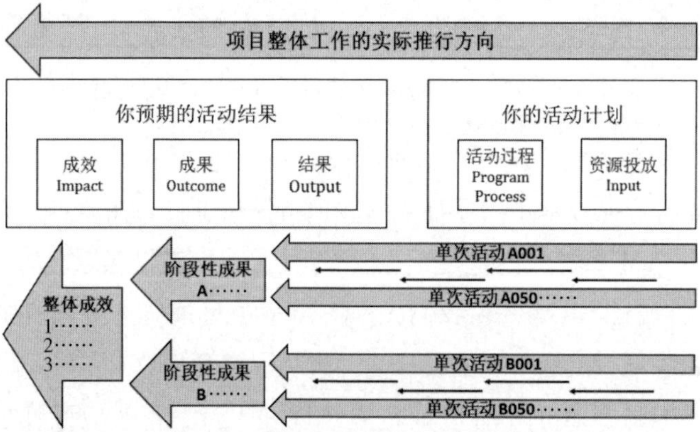

运用 PLM 做好方案设计后，项目工作的实际推行方向

为了确保取得预期的项目成效，主管需要留意推动落实每次活动后的结果记录和数据存档，还有阶段性成果的整理，比对实际成效是否与预期成效相符。假如存在明显差距或者缺漏，要及时作调整和补充。

要诀3 策划阶段：从成效导向到特色打造的项目思维

打造特色项目，这对于新手社工主管来说可能感觉有点遥远。在刚上任之时，新手社工主管的主要任务还是学习、使用和模仿前辈的做法，但如果能在接手岗位之时就形成打造特色的思维，在个人层面，这将会是未来与同行和其他项目竞争的优势。在项目发展的层面，成效导向再加入特色服务的设计，将会进一步提升项目的品牌形象以及可持续性，这是多方受益的共赢之举。

设计特色服务可以从以下多个方面考虑：

- 差异化：与过去常用的或者其他同行的做法有所不同；
- 系列化：将多个独立的服务串联或者联动；
- 精细化：向深度拓展；
- 参与度：服务群体对服务的知晓和参与；
- 社会影响度：在本服务区域的影响力乃至区域外的知名度和推广价值，或者社会各界的广泛参与。

服务设计与特色品牌的打造不单单是体现做项目计划那一段时间下的功夫，而是凝聚了项目管理者日常的积累、思考和学习。无论是设计还是执行，都是一种中长期的积累。新手社工主管在刚上任之时即养成习惯，留意通过不同的媒体和参访交流等途径了解不同地区同业者的创新和优秀服务，对于自身项目未来的提升和优化一定会有所启发。

要诀4 项目服务的实施：各项服务策略推进，相得益彰

在设计服务的时候要留意避开“指标导向”的诱惑，在执行的时候也不例外，平均主义的指标分配方式和本位主义应该摒弃。

项目一般由若干不同的板块或领域组成，这些板块或领域的服务由不同社工负责。常见的做法是将任务和工作按指标平均分摊。例如，将一年50个个案的指标平均分配给该领域的2名社工，每人25个；同时计划每人每月开案/完成2—3个，预期到项目年结束时可以按时完成指标。

用这个思路分派工作量的好处是少费心，“平均分配”听起来比较容易服众；弊端是实际执行进度很多时候难以跟上计划，因为忽略了项目整体周期和社工个人经验、能力与特长的差异。

（1）项目周期的差异性

一个新开展项目的年度计划及工作重点跟已经运作3年甚至更长时间的项目一定有所不同。新项目就像一个初创企业，在初期的主要任务是让服务对象和社区认识服务和社工以及建立信任。因此，首季度先以社区宣传和探访等工作为主，先完成接近年度一半的指标量也不为过；小组工作可以在第二季度开始进行，个案工作会在探访、社区活动和小组工作等铺开之后再逐渐增加。

相反，一个承接上一年度继续服务的项目，很可能从年度初始就有上年度未结案的个案需要持续服务，各项服务与活动的开展和招募都按常规进行即可。这时，项目的个案月度指标可以更趋平均化。

（2）探访先行，小组和个案结合

开案进度不理想和小组组员招募不足是不少社工常常遇到的困难，主管如何帮助他们呢？提升社工的个案和小组工作实务技能是一个方面，另一方面主管也可以指导社工通过做更多策略性的探访推进小组和个案工作。

提前从相关部门取得一些特殊群体的名单，有助于有的放矢地和目标服务群体建立关系。另外，预备一些项目服务简介，遇到探访对象不在家或者拒绝见面时，可以通过纸质资料传递关爱和增加未来服务的机会。

通过有策略的探访工作，社工能进一步跟社区居民建立信任关系，并且让他们知晓如何使用项目的服务，形成服务群体之间的互助和宣传意识。这样，小组的参与度就会提高，个案服务的主动求助和居民转介也会增加，小组活动的参加者也不需要全部都由社工自己招募和发掘。

要诀5　项目服务的监管和人才培育：现场督导

社工主管们经常事务缠身，有各种服务、行政工作和会议，除了一些大型活动以外，可能甚少有时间参与社工的实务工作。从员工培育和项目监管的角度，笔者鼓励新手社工主管预留时间参与社工的实务工作。

（1）现场支持和指导

现场指导时，主管应留意观察社工两个方面的表现：良好和不足之处。在服务结束后尽快安排时间向社工反馈，表现良好的地方予以肯定和鼓励，对不足之处给予提醒和指导，并且解答社工的疑问。

文书批阅是社工主管的常规工作，主管可通过在社工文书上批注来指导他们如何实践。但实际上社工是否真正明白、掌握甚至具体运用批注内容，主管了解不多。用现场督导的方式能更直观地了解社工实务和服务开展的情况，尤其对与计划进度有差距的工作，能有更全面的了解。

（2）监管项目服务质量和员工工作表现

有些主管担心自己在服务现场会给社工造成压力，但事实上，比自己有经验的主管在场会让很多社工感到安心和镇定，被认为是一种支持。现场督导的主要目的是帮助社工提升和给予支持，在推行初期做好事前说明，有助于消除疑虑。现场督导的形式可能会使小部分自我要求过高的社工产生焦虑，或者遭到态度消极社工的抗拒。经历过主管现场督导后的鼓励、反馈和指导，同时随着现场督导成为日常工作惯例，焦虑会渐渐消退。面对态度消极的社工，更有必要安排现场督导，起督促和推动的作用。

只要主管秉持服务为先、培育社工的态度，现场督导将会成为主管和社工的一个很好的实务交流平台。主管投入时间和精力帮助社工提升，社工渐渐能提供更多更优质的服务，主管和项目收获的回报是服务质量有保证，主管也能更放心授权更多的工作，事半功倍。

要诀6　项目的收尾：成效分享和经验反思最宝贵

每到项目评估前，项目主管都要写一份关于服务执行情况的自评报告。自评报告一般要求总结包括服务执行的质和量、成效、督导支持情况以及与各方沟通协调等方面情况。针对这些内容，希望管理者一方面总结做得好的地方；另一方面也要反思存在的问题，并提出后续对应的策略。

假如能在项目初期就用 PLM 做成效导向的规划，成效提炼会相对轻松。除了常规的项目报告书，把相关成效的资料提炼编排整理成美观而易读的电子档版本，通过电邮或者社交媒体等方式跟采购方、合作方、赞助方、服务对象分享，并对他们的贡献致谢，这将是项目下一步发展的潜在资源。

假如前期的成效规划和数据存档做得不够，项目结束前就需要花加倍的时间重点收集和整理。笔者对新手社工主管的忠告是：务必请教督导或者有经验的前辈，除了帮助你应对这次评估的成效总结，一定要请他们指导你学习掌握应用成效导向的服务设计！

正如世上没有一个人是完美的，任何项目的设计和执行都会存在不足，关键是项目管理者能有所觉察和反思，避免重复犯错，并且对后续的提升提出可行的方案和策略。假如把项目看成一个小社区，当中涉及的资源、团队、个人、利益相关方等各个层面，也有重要程度和紧迫性不一的问题存在。此时，主管也应该像作需求分析一样，找到突破点，在下一阶段带领团队争取有更好的发挥。

小结

就如一部美妙悦耳的交响乐曲由不同主题、风格和节奏的乐章组成，把握好了每个乐章，才能把整部作品的跌宕起伏、起承转合诠释出来，不同的项目管理阶段也有其对应的关键工作。

在项目的启动和策划阶段：多动脑筋，勉力追求成效导向的精准服务。

在执行阶段：留意从众多缠身的杂务中抽身出来支持社工的工作，监管服务质量。

在结尾阶段：总结经验教训，向所有利益相关方分享项目的成效并致谢。

期待新手主管们勤加操练，把各个阶段的六项关键工作做到位，争取跻身事半功倍的高效能管理者行列！

操练十

正心修身，修炼全方位软能力

在带领团队和协助职能部门服务社群的同时，新手社工主管也要正心修身。拥有过硬的专业技能，再加上待人接物有礼貌、懂分寸，这样的主管很可能会成为大家心中德才兼备的明星主管。

社会工作以促进社会公平、救助帮扶特殊群体为使命，社会工作者自然也会带有忧国忧民的情怀。

儒学经典《大学》教导我们："古之欲明明德于天下者，先治其国；欲治其国者，先齐其家；欲齐其家者，先修其身；欲修其身者，先正其心；……心正而后身修，身修而后家齐，家齐而后国治，国治而后天下平。"社会工作者想要"拯救世界"的同时，也要重视自身素养的修炼和提升；社工管理者更应以身作则，为团队作出榜样。时常正心修身，提升软能力，帮助新手社工主管在工作中给团队及合作伙伴留下德才兼备的好印象。

修炼身兼多重角色的勇气

一线社工日常工作的角色相对单一，安排工作的时候一般主要考虑服务对象的需求、服务主题和目标、工作进度、预算、机构相关规定等，在部分事务中也需要兼顾考虑团队和机构的利益，但大部分时候只要做好本职工作即可。晋升到管理岗位之后，除了要考虑上述问题，新手社工主管还要进一步从更高的层面和更多的角度去综合考虑、平衡内部和外部等利益相关方之间的关系。

管理学大师彼得·德鲁克先生说，管理者要学会作艰难的决定[①]。社工主管要具备承担多重角色的心志和心智。

员工的外出培训资助申请

角色：主管杨杨、社工小A、杨杨的上级王主任。

喜乐社工机构地处广东省中山市，其《员工培育制

---

① ［美］彼得·德鲁克：《卓有成效的管理者》（许是祥译），北京·机械工业出版社，2012年版。

度》中列明，社工级别的员工每年最高可享受的外出学习基金资助是500元，基金由主任级别管理者审批。

社工小A过去2年的主要服务对象都是长者。一周前，小A向杨杨申请下月到香港参加为期3天收费1500元的历奇培训，想申请机构500元的资助。

杨杨批准了小A休假去参加这个培训，前后共5天假期。但当杨杨将申请转交给王主任时，王主任回复同意杨杨批准的假期，但不批准给予资助，原因是培训内容和本职工作相关度不大。

杨杨感觉很为难，不知道如何向小A说明。杨杨与小A日常相处关系良好，小A的工作表现也一直稳定，这次申请外出学习，主要是想去开开眼界，所以批准她的假期申请。而关于机构资助申请的审批，杨杨认为王主任也讲得有道理。只是在向小A说明资助没获批准这件事上，杨杨担心会引起小A不满，不知道如何是好。

上面的案例中，杨杨因为无法同时满足下属和上级的意愿，陷入了两难。假如我们把案例中的矛盾升级，小A想申请假期的时间刚好遇上机构要与社区合作一个大型活动，此时更涉及社区、居民和团队同工的相关利益，杨杨就更需要权衡取舍。

女朋友对男朋友的问话：“我和你妈妈两个人同时掉下水，你会先救哪个”被誉为是经典两难题。其两难之处在于容易让人倾向于用情感来作选择。实际上，溺水救人的紧急情况应该用常理作选择——谁离我近，我就先救谁！作管理的权衡时，也要避免单用情感思考。

友善、保持良好关系、接纳等观念在社会工作行业中受到鼓励，社工主管也容易带着情感的思维习惯考虑人员的管理问题。新手社工主管必须要调整作决定的思维模式，增加管理角色中“常理”的部分，多从制度、机构和团队的层面思考并抉择。

案例中的主管杨杨，可以先肯定小 A 的学习意愿，在不影响项目服务的情况下批准假期申请，鼓励她认真学习。随后继续以管理者的身份说明，资助审批的重要考虑原则是学习内容与本职工作有紧密的相关度，因此本次资助申请不批准；建议小 A 可以考虑选择其他费用更低或者交通更便捷的历奇培训，也鼓励她下次申请资助用于与本职工作相关的培训。在矛盾升级版的情境中，杨杨更需要顾全服务社区以及团队分工的“常理”，对小 A 休假参加培训的申请都不予批准。

在回绝某一方的时候，不是冷冰冰地只说一个“不”字，同时也说明背后的考虑和权衡，以及提供其他的可能性建议，这样有助于维持双方的关系。但无论如何，得体合理地回绝一些申请和邀请，是新手社工主管的必修课。顾全大局的合理回绝，有助于主管在团队中树立威信。

做好时间规划，你的大部分时间属于别人

不少主管常常感叹：忙乎了大半天，早上计划要做的事情几乎没做，总是不断地被干扰，不停地回复同事询问、微信、QQ、电邮和电话等。

在《卓有成效的管理者》一书中，彼得·德鲁克先生指出，管理者必须面对的现实是，管理者的时间往往只属于别人，而不属于自己。社工主管做工作时间规划的时候，要注意

预留足够的时间用于和不同的人交流，因为这就是管理者的本职工作。自己潜心埋头做事，故意忽视或者逃避对内对外的沟通交流，最终吃苦头的是自己。

社工主管需要经常预留时间做以下事项。

定期与重要伙伴沟通

定期沟通可以让你与重要伙伴有双向信息交流，能增加合作默契、信任度，同时减少误解和突发情况的发生。

社工主管的重要伙伴至少包括4个群体：直属上级、机构内其他部门、购买方以及下属团队。《卓有成效的管理者》的另外一处提到，对管理者而言，有时最重要的人物不是其直接下属，而是其他部门的人或者自己的上司。如果管理者不能与这些人主动接触，不能让这些人从他的工作贡献中受益，这个管理者就不算“有成效”。

沟通的内容和形式可以根据沟通信息的性质灵活安排，见面、电话、邮件、QQ或者微信留言等都可以。在这个信息泛滥和时间碎片化的时代，沟通的内容要简练和明确，让对方在短时间内就能理解，知道他接下来需要或者不需要做哪些后续工作，这很重要！

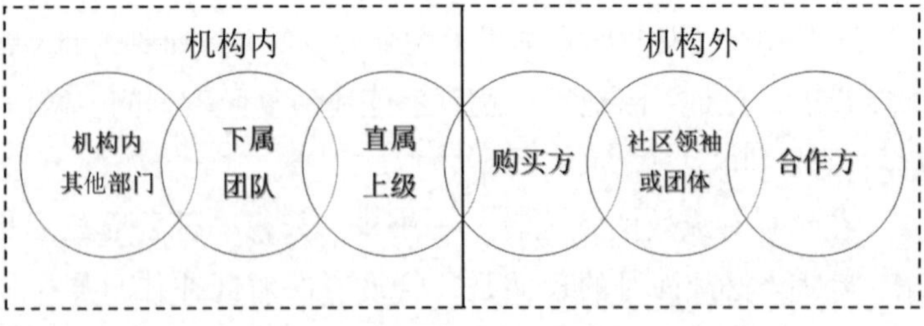

社工主管的重要伙伴

（1）定期书面简报

对于提交给上级和购买方的常规工作简报，建议以书面简报的形式，每月通过电子邮件发送。发出电子邮件之后，可以通过实时通信工具留言，请对方方便的时候留意查收。如果简报中有重要内容希望对方留意，也可以在留言的时候简单用一两句话提醒。

简报的内容最好设定固定的板块，例如，常规服务进度和数据、下一阶段的计划、经验小结和建议以及希望得到指导和提醒的方面。经验小结和提出疑问这两部分的内容需要主管提前收集和思考提炼。定期做这样的小结和沟通，不仅有利于自身的提高，也能给别人留下好学和积极思考的好印象。

（2）谈话前发出会议提纲

无论是电话会议还是面谈，提前列出希望讨论的内容，能够让对方提前准备，也可以避免遗漏，让谈话更聚焦，不受临时插入的话题干扰。

（3）及时向团队反馈外部信息

主管从上级、机构、购买方等方面取得信息之后，要留意整理并及时反馈给内部相关团队。在整理和反馈的时候，有两个方面需要留意。

一是收到来自上级、机构或者购买方、合作方等的赞赏和肯定，务必及时转告相关社工，这对他们来说意义重大，是莫大的鼓励！

二是在转发重要信息的时候，要注明关键内容，留意事后确认。例如，机构财务报销的新操作，哪些具体内容一线社工需要了解，可以在文中用不同颜色标注。发布后可以要求社工在查阅之后回复确认，或者在下次例会中邀请社工复述他们的理解，以确保重要信息得到全面的理解。

设定“闭关时间”

新手社工主管很有必要预留专注工作的时间，集中处理文字类工作和梳理思路。阅读文件刊物、批阅文书、撰写方案和简报、处理电子邮件等属于文字类工作；此外，新手社工主管也要定期静思，回顾做小结和规划未来。在时间和事务管理的分类中，定期做小结和简报沟通，属于不紧急但重要的事项，做好这一步的新手社工主管其成长速度必定超越同辈。

“闭关”的时间可长可短，视需要从30分钟到1天甚至更长时间都可以，前提是交代好其他相关的日常工作。设定了“闭关”和“出关”时间，需要告知团队成员，让他们知道避免打搅你以及方便联系你的时间。在“闭关”期间临时接到电话，简要了解不是紧急事项之后，可以礼貌地告知信息已收到，并告知稍后何时会处理和作进一步答复。

指导一线社工的实务工作

在承担管理工作之后，不能通过做实务工作获得满足感和持续积累实务经验，是不少社工主管的困扰。社工主管兼顾保持实务操练和管理的机会就是安排时间参与社工的一线服务，就像是现场督导。

主管杨杨带领的项目分为3个工作板块，分别由5名社工合作负责。杨杨大概每隔一周会预留半天左右的时间，参与下属的小组或者个案工作。杨杨会在月初提前告知社工当月哪两周会计划跟随哪个板块的社工开展实务工作，社工也会在约定的时间于3个工作日内和杨杨定好当月想和杨杨一起外出服务的日期和时间段。

外出前一两天，杨杨通常会先安排和相关社工简单讨论当天的分工，杨杨既是示范者也是旁观者的角色，尤其会关注同工对于当天专业实务是否有疑惑。一同外出现场服务之后，杨杨也会再跟社工对当天的服务进行回顾，给予反馈和指导。能有主管到现场支持自己的工作，社工们都感觉安心和踏实，专业实务技能也能得到提升。

杨杨也不时接到临时出现其他会议或者培训的时间跟督导时间冲突的情况，参加会议和培训与现场督导如何取舍？笔者认为，当现场督导已成为常规，主管跟社工在服务前后也会讨论沟通，即使临时取消参与服务也不会太影响整体的服务质量和指导效果。

通过现场督导和指导，新手社工主管既能持续积累实务经验，也能帮助同工提升。时间长了，新手社工主管能够放手和授权的工作会越来越多，这对新手社工主管和同工都有益处，绝对是值得主管投入时间和精力的工作。

临时任务

社工主管的日常工作是做好服务管理和人员管理。社会服务做的是“人”的工作，团队管理也是做“人”的工作。人，是复杂多变的，尤其在困境中的服务对象，也会遇到各种特殊的紧急情况。与此同时，社工主管的另外一部分重要工作是和机构其他部门以及机构外的购买方和合作方对接。这些不同的部门和团体各有不同的工作时间表，不时接到某个部门的临时紧急通知或者任务也不少见。

既然紧急临时任务是不可避免的，最好的应对方式就是将临时事务看为必然，欣然接受它作为工作的一部分。每天预留一定的时间用来处理临时事务，一周的工作安排也不要排得过满，尤其不能把重要工作都安排在最后时间才做，这样才能有合理的时间去处理必然会出现的临时事务和状况。

对临时事务处理得当、从容不迫，绝对会给团队内外的合作伙伴留下胜任工作的好印象。

务必掌握良好社交礼仪

有良好素养的人无论和什么阶层的人打交道，都会让人感觉有说不出来的自在，如沐春风。社工主管也需要和不同的政府部门、同行机构以及企业赞助商等外部人员接触，良好的社交礼仪和素养能促进双方建立良好关系，为自己和机构加分。

市面上有很多关于商务和社交礼仪的书，新手社工主管可以自行挑选适合自己的书籍深入学习。根据笔者的观察，目前国内社工管理者在对外沟通中最需要掌握的社交素养包括握手、站立迎宾、介绍、电子通信交流四个方面。

握手

握手的时候面带微笑，上身稍向前倾，双目注视对方，轻轻点头。同时要掌握合适的握手时长和力度；一般情况下，握手保持2—3秒即可，不要太用力。不能用湿手或者脏手与人握手。握手时得体的目光接触和微笑最能体现一个人的风度和自信。

双方见面，谁先伸手也有惯例[①]。一般应该由长辈、上级、女士和主人先伸手，晚辈、下级、男士、客人不要主动上前握手问候。假如是男性长辈和女性晚辈握手，一般是男性长辈先伸手。假如是同辈的男士和女士见面，一般是女士先伸手。

假如需要先后和不同的人握手，和每个人握手的时间和力度都应该保持一致，避免造成厚此薄彼的误解。

站立迎宾

有责任感以及守时的人都会比约定时间早到一点，宁愿自己早到等对方，以示对对方和事务的尊重和重视。通常早到的人会坐着等候，当对方进门的时候，应该起立欢迎。笔者在不同场合都遇到过机构高层带着项目主管和社工与社区或者街道合作伙伴见面，合作伙伴进门的时候，机构高层起立迎接，主管和社工还静静地坐在原位看着高层与合作伙伴寒暄，这是不懂礼仪的表现。

介绍

社工主管担任沟通协调的角色，不时会遇到将外部人员介绍给内部社工或者同事的场景。在见面前主管应该提前想好介绍的次序和内容。

介绍时谁先谁后，通常遵从长辈和上级有优先知情权的原则，换句话说，长辈应该先知道后辈的名字。所以一般会是：先少后老、先低后高、先宾后主。

---

① 萧芳芳：《洋相——英美社交礼仪》，香港·中文大学出版社，2004年版。

主管带着社工与街道党组织书记见面，主管应该先介绍社工。

“陈书记，这是我们家庭组的社工，李小红。”

然后介绍书记：“小红，这位是街道的陈书记。”

介绍的时候应该手指并拢，以手掌指向被介绍人。切勿单用食指指向被介绍人。

介绍的时候应该手指并拢，以手掌指向被介绍人
介绍的次序一般是：先少后老、先低后高、先宾后主

电子通信礼仪

在互联网还没普及的时候，大部分的公文来往都会使用全套的基本礼仪用词。随着网络的发展，电子化办公越来越普及，电子邮件和实时通信工具（例如微信和 QQ）取代了大部分纸质邮件的往来。与此同时，纸质通信的礼仪也越来越简化。适当的简化可以提高效率，但过度简化会变得低效和失礼。

（1）电子邮件和文档的标题

- 必须填写电子邮件的标题。一封“无标题”的电子邮件会让每天处理大量邮件的收件人很抓狂，或者直接被放垃圾桶。

• 电子邮件的标题要能简洁明了地说明事项，重要的事务最好标注收件人需要做的工作。例如，“请审批——××项目的社区活动方案（5月15日）”。

• 发出邮件之前，留意检查是否上传了需要的附件。

• 作为附件的电子文档的标题也要能对应文档的内容。

电子邮件和文档的标题写得好，能方便所有读者利用搜索功能快捷查找到，省时省心。

（2）电子邮件的正文

• 邮件的正文要以对收件人的称呼开头。知道对方姓名和职位的，务必写出对收件人的称呼，例如，“王主任，您好!”贪图省事，一律用设定好的“您好”开头，或者不加称呼，给人的印象就是懒惰和失礼。

• 避免长篇大论，每段尽量不要超过5句话。

• 段落之间要隔行。

• 关键信息用分点论述的方式让读者更容易理解和阅读。

• 要有落款。对外的邮件最好加“致礼”或者“祝好”等问候语。

（3）实时通信工具的留言

• 千万别留言一句“在吗?”然后等待对方回复才说正事。

• 留言的时候，直接说明你想说的事，然后静候回复。如果有时间限制，就说明希望何时收到回复。例如，“请在下午3点前回复”。

• 假如是需要对方能马上回复的事，请直接打电话，不要留言。

- 邀约会议时，尽量提供2—3个你本人能够安排的时间和地点供对方选择，甚或列明这些选项中你的优选时间，这样的邀约比问“你什么时候有空”要快捷有效得多。
- 假如对方回复目前的选项都不行，请对方提供2—3个选项供你挑选。
- 重复一遍：千万别留言一句“在吗?”然后等待对方回复才说正事。

小结

在带领团队和协助职能部门服务社群的同时，新手社工主管也要正其心、修其身。

面对管理中的两难选择，鼓励主管们以顾全大局、谋求整体利益最大化的心态作权衡和决定。除了拥有过硬的专业知识和技能，再加上平常待人接物的谈吐得体、分寸得宜，合作伙伴见人、见文都能看到良好的修养，这样的主管很可能会成为大家心中欣赏、德才兼备的明星主管！

成为职场的月亮，机构的明日之星

学会“吸星大法”，让阳光气息及正能量把你照亮，成为职场的月亮，机构的明日之星。

坚持做到 L > C 的原则

月亮

月亮是个很特别的天体，它的名字中虽有一个“亮”字，但其实它一点也不亮，因为它根本不是一个发光体。外表一点也不漂亮，它只不过是宇宙中的一块丑陋的大石头。它能在夜间发光，完全是因为它反射了太阳的光芒。

云和太阳

云披着五颜六色的花裙扬扬自得，它抬头看了看太阳，心想：“太阳火辣辣的，太刺眼了，谁愿意瞧它呢？而我千姿百态，多么漂亮，肯定会得到大家的喜欢。”正想着，太阳下山去了，云顿时失去了美丽的色彩。云这才明白，自己的美丽离不开太阳的光辉。同样，新手社工主管也离不开团队、督导乃至亲朋好友的扶持。

顶上的光环

到意大利教堂看名画，很多宗教人物如彼得等画像头上都绘有光环。经导游讲解得知他们其实都是一般平民，有打鱼的、锯木的、浑身是铜臭味的……只是因着宗教原因，得到了高人的启发，才成为家喻户晓的宗教人物。他们的画像脑袋后面都画上光圈，代表后人对他们的尊敬。今天，一些城市、学校等仍用他们的名字命名。

“吸星大法”

新手社工主管上位初期可能并不耀目，必须接受磨炼，自己亦需努力学习，要坚持做到 L > C 的原则（L = Learning，C = Change），即学习的速度必须大于改变的速度，不然就会在上位初期出现很多适应上的问题。由一线社工变为初级社工主管要学习的东西实在太多了，因此我们必须努力学习，而解决之道是要学会“吸星大法”。

喜爱金庸武侠小说的人都知道，《笑傲江湖》中的“吸星大法”是套虚构的厉害内功，在交手对阵时，能吸取对方的内力，化成自己体内的内功。它是《笑傲江湖》里任我行用来叱咤风云的内功，媲美葵花宝典、辟邪剑法、独孤九剑和易筋经等。“吸星大法”在这些武功里也许不是最强的，但它却绝对是最独特的，因为它能够吸他人内力为己用。

现实中，新手社工主管想要快速地汲取别人的管理经验，用“吸星大法”就很容易办到，只要虚心向资深社工和机构的高层管理人员学习，观察他们解决困难、人力资源管理、危机管理、成效评估等方面的方法，就可以在耳濡目染下吸收他们的管理知识及实务技巧。使用“吸星大法”的对象没有限制，可以是督导、资深管理人员、老师、专家、书籍、网络资源甚至有独特专长的团队下属等。新手社工主管要懂得放下身段，以谦卑、开放的心态与别人交流，吸纳、学习他人之管理技巧，让自己不断升级，随着时间的推移，新手社工主管就很快会有较成熟的表现。

“吸星大法”

成立自己的智囊班子（Think Tank）

一个人想在事业上成功，固然要靠自己的努力，还需要外部助力及别人的支持。从管理角度看，历史上每个成功帝王背后都有一班造王者，例如忠臣、谋士、食客等的支持和承托；刘邦如是，唐太宗李世民也如是。如果背后没有强大的支持系统，他们就不大可能完成治国大业，做到国泰民安，这是团队智慧大于个人智慧的缘故。一个人如果只知有己，不知有人，手下没有谋臣义士，那么他的努力就会被抵消。

新手社工主管在上位初期的领导才能有待提高，如果能尽快得到工作团队的支持，那么，团体的智慧就可以很快反射在新手社工主管的身上，令他得到支持并成就亮丽业绩，从而在机构内渐露光芒。

毋庸置疑，团队的智慧肯定会超越个人的智慧，新手社工主管必须要好好地利用工作团队去完成中心的任务。管理大师彼得·圣吉（Peter Senge）主张在组织中经常跟团队沟通，作“对话”（Dialogue）和“讨论”（Discussion）。“对话”是一个团队为探讨某项问题，所有成员说出心中的观点，并作出共同思考，探究怎样完成任务，这个过程要暂停个人的主观思维，彼此用心聆听，最终目的是要形成共识，而非只是个别人员为了压倒对方的发言。“讨论”是对议题提出不同的看法，并加以辩论，最后形成一个统一的观点。怎样与你的团队合作，是新手社工主管学习的重中之重，亦是本书重点之所在，在其他章节已提供多个锦囊和秘诀，本书作者以其专业知识和人生经验，给各位新手社工主管全方位的指导。在大家感到迷失方向、力不从心的时候，又或在你已经在团队管理上取得了出色的成就但仍希望更上一层楼时，本书将给你作专业上的疏导，让你作出智慧的选择。

让自己发光、发亮的关键

在上位之初，新手社工主管可能不是一个具有影响力的人物，没有亮丽的业绩，仍处于适应阶段，也有待与工作团队磨合。在此阶段的新手社工主管，必须尽快学习知识，获取能量。有人会问知识、能量学习、获取的对象是谁？答案是工作团队中的每一个人，特别是督导、资深的管理人员等。那么，新手社工主管怎样与工作团队合作和建构自己的支持系统呢？方法大概有以下 3 种。

内源式

新手社工主管主动地、创造性地利用自己的资源，构建自己的支持系统。在内力驱动下，加大自身管理的素质以及解决问题的能力。

(1) 建立自己的非正式支持系统

所谓非正式支持系统是指服务机构外的支持体系，例如从学长、老师、家庭成员处得到的支持都可以称为非正式支持系统。

非正式支持系统可满足自己情绪支持的需求，从而增加阳光气息。主管级别的同工在机构属于少数的夹心阶层，他们扮演的角色在机构中算是“上层建筑”中的一员。因此，主管在机构中不易建立自己的支持系统。如在同事中有较投缘的一两位，又或以往曾在一线一起拼搏、现在仍和他们继续交往的社工，应继续和他们保持联系，以获得他们支持，分享他们得到的信息、想法。这些支持可以降低工作压力，并给你充电，减少倦怠，令你重新得力，使你知道自己不是在孤军作战。

(2) 建立个人非正规的智囊团

新手社工主管切忌单打独斗，自我孤立，可考虑成立自己非正式的顾问班子，就像刘备三顾草庐一样邀请学长、导师、前辈等对你做出实际的支持，并定期邀约他们见面，运用他们的智慧和才能，在你面对管理问题的时候，让他们为你出谋划策，以独立第三方给你客观、冷静、中立、有效的建议或优化的方案。让他们成为你的支持者、职场的后盾，为你充权，为你指点迷津，增添信心。

随着行业竞争的激烈，孤军作战肯定会吃亏。大家都知道“三个臭皮匠胜过一个诸葛亮”的道理，在一般情况下，新手社工主管在工作中碰到问题时，或在需要作出一个关键决定时，可征求这个非正规的智囊班子的意见。在旁观者清、当局者迷的情况下，他们多会提供一些有价值的建议或者方案供你参考。大家不可忽视智囊的力量，在历史上他们有很重要的地位，曾以其他名称出现过，如门客、军师、谋士、顾问等。新手社工主管们，你身边有没有两三位智囊呢？

智囊可以是友情客串的，任务是提供咨询，对问题进行诊断，为决策献策献计、判断运筹，提出各种设计，反馈信息，提供全面、专业、具体的政策方案等。但这些工作，切忌张扬，尽可能非正式地在办公室以外的地方进行，且要坚守保密原则。

（3）4A 学习，修读督导及管理课程

有谁天生就能懂管理？我们大部分管理的知识都是由模仿别人、学习前人的知识以及自己在经验中累积下来的。作为刚出道的社工主管，必须做到 4A 学习，即人人（Anyone）学习、时时（Anytime）学习、处处（Anywhere）以及事事（Anything）学习。例如可趁周末或每周抽一两个晚上修读合适的管理课程，除汲取实用知识外，还可认识不同行业的中层管理者，大家彼此交流心得，互相扶持，这好过整日自困愁城，在死胡同内钻牛角尖，并减少倦怠的出现。

外源式

通过机构的安排，利用机构的培训及督导资源，新手社工主管直接把管理的理念、意义、方法、技巧学懂，得以发光发热。

初为主管，需要有多元能力，特别是要有项目规划的能力，要有专业基础为项目制定目标，制订年度服务计划等。此外，解决问题及应变的能力也很重要，因为主管要承受着来自各方的压力，满足各方的期待，所以面对的问题很多，有时新手社工主管被要求成为“解决问题的机器”，因为同工有问题时会找主管，与机构合作的单位也会找主管，所以主管须具有各种关键才能及应变能力，才能处变不惊，冷静面对挑战。在问题解决上，主管是责无旁贷的，但作为主管，他不一定是各项专业最强的，如财务、人力资源管理、法律等专业，都需要有机构上级主管，特别是督导的提点。只有这样主管才能有效提高相关的工作能力，清除消极的自我设限。

在就职的最初阶段，新手社工主管要适应的东西特别多，故需要较多的督导资源，方能有效执行主管的职责，增强自身能力。专业督导能帮助新手社工主管更有效地助人以及管理好自己的工作团队。督导可为新手社工主管导航，使之少走冤枉路，并能使新手社工主管持续成长，甚至做到他自己以为做不到的管理事务。在此，笔者再次强烈建议新手社工主管善用专业督导资源。督导可以是机构内社工专业上的成功人士，又或是某领域很成功的人。如果你想完成某事，就要向已完成该事情的人学习。

督导的教导、提点、支持等是重要的，他们是新手社工主管职场的明灯，因为督导可以为主管开路，沿途照明，使他更有信心、更有力量、更有条不紊地工作。若新手社工主管想拥有成功的职业生涯，就要向有经验的管理人员及专业督导学习。这就是专业督导的价值。所有助人的社工及主管，都需要有类似的督导和顾问，这可以说是新手社工主管成功过渡的一个秘诀。

双源并进

新手社工主管同时利用上述两种资源广泛地建立自己的支持系统，为自己增权，添加力量，为机构推出创意活动及有成效的服务，增加服务使用者的满意度。

以上三种途径可让新手社工主管在短时间内得到足够的支持和动力，减轻工作适应上的压力，保持信心。利用“吸星大法”获得督导、智囊、工作团队等的阳光气息及正能量，使新手社工主管如鹰展翅，高效地协助机构去服务公众。

小结

对新手社工主管而言，要独自搞好团队建设、做好危机管理、解决突发问题、化绊脚石为踏脚石等是困难的。新手社工主管刚刚晋升到新岗位，不够班[①]，不能靠着自己独自担负重任。然而新手社工主管可以主动寻找督导及智囊班子的支持，无论你身处在哪一所机构，只要你能努力学习，便可在职场上成为明日之星。新手社工主管不妨用谦卑的态度来看待学习，活出团队的光彩。

最后，笔者以《一点烛光》歌词作结，送给新手社工主管的督导、智囊、朋友、父母等，希望他们继续支持我们的新手社工主管，在新手社工主管遇到危机管理及决策咨询时，给他们智慧、信心、能量及亮光。

---

① 粤语，意为“资历尚浅”。

一点烛光

盼可将烛光交给我，让我也发光芒。
寒流里，愿同往，关心爱心似是阳光。
我的心一般奔放，愿挺起我胸膛，
如能以热和爱，自能导出心里光。
凄冷中，望星与月也寒，我但要烛光照亮。
谁愿意步向康庄，谁亦要走走看看。
盼共我，结伴去，以心中暖流，和风对抗。

祝：新手社工主管们进步再进步，超越再超越，光亮再光亮。

附　录

广州市同行社会服务发展中心

近年来，随着政府大力推进社会工作，我国专业社工队伍已经逐步形成，但地域之间仍然存在着资源投入和专业发展方面的差异。在此背景之下，2014 年 3 月，莫世民先生与广东、北京、香港、台湾、成都、重庆等地从事社会工作教育、研究和实务的专家及督导一起发起成立广州市同行社会服务发展中心（以下简称广州同行）。广州同行是具有独立性、专业性的社会组织，致力吸取港台社会工作专业发展经验，扎根本土实践，为推动资源交流、经验共享创造平台。

广州同行成立至今，立足社工、社会组织和政府的需求，提供三大类型的服务。一是面向社工从业人员进行能力建设，包括实务工作坊、跟岗实训、高校 MSW 实务专题培训、社工职业水平考前培训等，根据不同群体的需求，精心挑选香港、台湾、广州等地具有丰富实务及管理经验的讲师开展系列工作坊，培训内容丰富多样，涵盖社会工作理论、实务技巧、机构规划、运营管理、评估等。二是面向社会组织提供督导和顾问咨询服务。面对多元的服务对象及社区问题和需求，社工机构需要不同领域的资深督导给予专业建议和指导。广州同行为各社工机构提供具有丰富经验的港台及本土资深督导，为机构工作人员提供情感支持、专业支持以及服务管理的咨询服务。三是面向政府提供社会服务专项研究。广州同行致力于依托专业及实地调研，为政府、决策者和业界提供最新的社会动向、民意数据和调查报告，为政策制定提供科学依据和智力支持。目前已承接的项目类型包括社情民意调研项目、社工机构培训需求项目、基层治理协同创新试点项目、养老事业发展规划研究项目、养老院舍公建民营运营及可行性分析报告、公建民营养老院舍监管和评估项目等。

为了促进信息和资源共享，加深彼此之间的了解，广州同行以研讨会、分享会等形式为各地社工及社会组织搭建经验交流平台。广州同行一定继续秉持专业信念与社会责任，与社会工作者、社会组织和政府一同为推动中国社会福利事业及社工行业持续健康发展而努力。

联系电话：020－82375047

邮箱：txing2014@ vip. 163. com

地址：广东省广州市黄埔区广新路 66 号黄埔区社会组织培育基地 308 室

参考书目

［1］游达裕，区结莲，朱志强．古松苍劲，寻解导向长者小组研究与应用［C］．香港：三次坊出版社，2010.

［2］惠泉．一分钟斥责［J］．张老师月刊，1984 年 7 月.

［3］谭志强．60 岁的 1000 公里：一位退休社工的小小环台慈善跑［M］．北京：经济日报出版社，2017.

［4］［美］罗伯特·格林里夫．仆人式领导学［M］．胡愈宁，周慧贞译．台北：启示出版社，2018.

［5］陈颂红．真心替你高兴［N］．信报，2018 -05 -23.

［6］http：//wiki. mbalib. com/zh - tw/刺猬法则．浏览日期：2018 -6 -29.

［7］叶卓雄．时间管理之断舍离［N］．信报，2018 -06 -20（B12）.

［8］［美］Jim Collins. 从 A 到 A +［M］．齐若兰译．台北：远流出版事业股份有限公司，2002.

［9］［美］杰拉尔德·温伯格．咨询的奥秘［M］．劳佳，译．北京：人民邮电出版社，2015.

［10］［美］James C. Hunter. 仆人：修道院领导启示录［M］．张沛文译．台北：商周出版社，2010.

［11］［美］彼得·圣吉．第五项修炼［M］．郭进隆，齐若兰译．台北：天下文化出版公司，1990.

［12］［美］赖利·包熙迪，瑞姆·夏蓝．执行力［M］．李明译．台北：天下文化出版公司，2003.

［13］姜汝祥．锡恩4R 执行力系统［M］．北京：印刷工业出版社，2007.

［14］IDKW 图解中心．图解 500 强管理工具［M］．北京：化学工业出版社，2015.

［15］［美］史蒂芬·科维．高效能人士的七个习惯［M］．北京：中国青年出版社，2002.

［16］［美］谢默霍恩，亨特，奥斯本．组织行为学［M］．刘丽娟等译．北京：清华大学出版社，2005.

［17］陈春花．管理的常识：让管理发挥绩效的 8 个基本概念［M］．北京：机械工业出版社，2016.

［18］段烨．只用管好 4 种人——DISC 性格分析让你成为高绩效的管理者［M］．北京大学出版社，2013.

［19］梁伟康．成效管理：非营利社会服务组织全面实践策略［M］．香港：非营利组织卓越管理有限公司，2012.

［20］区祥江．辅导小百科［M］．香港：突破出版社，2009.

［21］项目臭皮匠．项目百子柜［M］．北京：中国社会出版社，2017.

［22］［美］彼得·德鲁克．卓有成效的管理者［M］．许是祥译．北京：机械工业出版社，2012.

［23］萧芳芳．洋相——英美社交礼仪［M］．香港中文大学出版社，2004.

我们相信各位新手社工主管能：

今天比昨天进步多一点

明天比今天进步又多一点

每天都要给自己多一个 Like

预祝各位新手社工主管：

进步再进步，超越再超越